直訳してはいけない
英語表現
200

the top bananaは「一番上のバナナ」ではない!

Makino Taka-Yoshi

牧野髙吉

JN018611

KAWADE夢新書

簡単な英単語ばかりのフレーズなのに
なぜ訳せないのか——前書き

　かつて筆者がアメリカに滞在していたときのことです。同僚やその家族を招いて、我が家でパーティを開いたことがありました。

　パーティの途中で、妻が酒の肴にしようと、**I'll cut the cheese.**（チーズを切ってきます）と言って、台所へ行きました。するとそのとき、その場にいた人たちがイヤーな顔をしたのです。

　あとでわかったのですが、**cut the cheese** は「オナラをする」という意味だったのです！　これは、チーズを切ると出る独特の臭いが「オナラの臭い」にたとえられることが由来だそうです。

　では、どう言えばよかったのかは、138 ページを参照していただくとして、このように、通じるだろうと思って話したら、思いがけず別の意味にとられて、うまく会話が通じないことがあります。

　でも、それよりさらに多いのが、次のような英語フレーズが出てきて、直訳したけれどもうまく意味が通じないシーンでしょう。

❶ a pain in the neck（首の痛み）
❷ drive someone bananas（人をバナナにする）
❸ hit the sack（袋を打つ）

　いずれも、中学校で習うやさしい単語ばかりでできたフレーズですね。しかし、これらを（　）のように直訳してはいけません。

❶ **a pain in the neck** の直訳は「首の痛み」ですが、首が痛いとつらいことから、「煩わしい人・物事、面倒なこと」と訳します。

❷ **drive someone bananas** は、直訳すると「人をバナナにする」ですが、これでは意味がわかりませんね。このフレーズは、何かに夢中になって「人の頭をおかしくさせる」ことを意味します。

❸ **hit the sack** の **hit** は「打つ」ですが、**hit the 〜** で「〜へ行く、〜に接触する」を意味します。**sack** は「袋」ですが、これは「寝袋」のこと。ここからこのフレーズは「床に就く、寝る」を意味するようになったそうです。

このように、2〜5ほどの英単語が組み合わさって一つのフレーズになった場合は、単語本来の意味からは推測できない、全く異なる意味を持ちます。もちろん、これらを「直訳」することはできませんし、無理に直訳しても意味をなしませんね。

しかし、ネイティブ・スピーカーはこのようなフレーズを、日常会話や会議、スピーチ、商談でよく使います。したがって、ネイティブとの会話や、映画やテレビを観るとき、さらには原書を読むときにも、これらのフレーズを知っているか否かが大きな差になります。

日本人の英語とネイティブ・スピーカーの英語との一番大きな違いは、発音は別として、知っている英語フレーズの数だといわれています。ご存じのように、英語では知っている単語数が少ないと、話すにも書くにも大きな「壁」になりますね。

英語フレーズも同じで、知っているフレーズの数が少ないとスムーズにコミュニケーションを図れません。

では、これらのフレーズをどのように学習するのが効果的でしょうか？　英単語と同じように、単なる丸暗記ではあまり効果がなく、覚えたと思ってもすぐに忘れてしまいます。これは、筆者も経験したことです。

　より効果的な方法はまず、各項にあるミニ会話例「会話で使ってみよう」を３〜５回「音読して」ください。

　次に、文字を見てもいいですが、音読しながら３〜５回、（ノートや折り込み広告の裏などに）「書いて」みてください。

　最後に、「文字を見ずに」５〜10回（最低５回）唱えてください。そのあとで、ミニ会話例に適宜、身近な事柄や、自分に関する事柄の語句と入れ換えると、より効率が上がります。このように、口と手を使って覚えたフレーズは、なかなか忘れず、定着率が高いことが実証されています。

　本書では、やさしい英単語からなる「直訳してはいけない英語表現」のうち、よく使われるものを 200 ほど紹介しました。それらを覚える助けとして、興味深い由来や、英語と日本語の文化の違いなどにも触れています。

　本書が、本格的に英語を学習しようとしている方々には英語に興味を抱くきっかけとなり、またすでにある程度の英語力のある方々には、さらに英語力をアップさせる一助になれば幸いです。

　最後になりましたが、William Chesser 氏には、本書の英文に目を通して自然な流れにしていただきました。感謝申し上げます。

　2022 年９月　　　　　　　　　　　　　　牧野髙吉

直訳してはいけない英語表現200　　contents

簡単な英単語ばかりのフレーズなのに
なぜ訳せないのか——前書き／2

第2章
映画やメディアで頻出の英語表現

第**3**章
日々の会話で耳にする英語表現

第5章
ビジネスで駆使したい"鼻高"な英語表現

装幀●こやまたかこ
本文イラスト●タカヤマチグサ

第1章 初対面でもよく使われる英語表現

I will cross
my fingers!
幸運を祈ってるよ!

「指を交差する」
ってどういうこと?

「自分のベーコンを助ける」とは？

save one's bacon

命拾いをする

save one's bacon を直訳すると、「自分のベーコンを助ける」です。これでは何のことかわかりませんね。

昔、ベーコンは冬期間の「保存食」でした。ここからベーコンは「命を維持する食料、生活の糧」を意味し、転じて「命」そのものを意味するようになったのです。save one's bacon は、ベーコンを保管・保存することで生命を維持できることから「命拾いをする、窮地から救う」という意味になりました。

また、save someone's bacon と言うと「他人を（危機・困難などから）救い出す」を意味します。

会話で使ってみよう

A : I really thank you for your help, because you saved my bacon.

（危機を救っていただき、本当に感謝しています）

B : It's nothing.

（たいしたことじゃありませんよ）

★「たいしたことではありません」には、**You're welcome.** や **No problem.** という言い方もあります。

「豆でいっぱいである」ってどういうこと？

be full of beans

元気いっぱいである

　日本は世界でも有数の長寿国ですが、その要因の一つは、栄養バランスのいい日本食にあるとされています。日本では古くから、米、魚、大豆などが食されていて、その中でも大豆をうまく食生活に取り入れてきたことが長寿につながっていると考えられます。

　be full of beans が「元気いっぱいである」を意味するのは、「豆をいっぱい与えられて元気になった馬」が語源とされています。少しこじつけですが、「豆をいっぱい食べて元気になる」と唱えると、覚えやすいですね。

　なお、**bean** は「頭脳、知力」をも意味します。そのため、**Use your bean.**（頭を使いなさい）という表現もあります。

　また、アメリカでは、**be full of beans** が「誤って、間違って」という意味でも使われます。

会話で使ってみよう

A : Your grandma is <u>full of beans</u>, isn't she? How old is she?

（おばあちゃんはとてもお元気ですね、何歳ですか？）

B : She is now 85.

（今、85歳です）

cross one's fingers

ネイティブはこう使う

成功・幸運を祈る

コミュニケーションを図る方法の一つに、指によるジェスチャーがあります。それらが何を示すかは、国や文化によって異なります。たとえば、日本では親指と人さし指でマルを作って「お金」や「OKである」ことを表したりしますね。

英語には、**cross one's fingers** というフレーズがあります。直訳で「指を交差する」ですが、これは十字架が厄払いになるという俗信に由来しています。災難よけなどのために中指を曲げて人さし指に重ねます。

試験を受ける人や試合に臨む人、旅行に出かける人に、指を交差させた手の甲を向けながら、**I will cross my fingers (for you).** と言うと「幸運を祈ってるよ」の意味。試験などを受ける人が、**Cross your fingers!** と言えば、「(私に)幸運を祈ってね!」という意味になります。

会話で使ってみよう

A: I have my job interview tomorrow.
(明日、就職の面接があるんです)

B: Oh, good luck! I'll crosse my fingers for you.
(あらそう、頑張って! 幸運を祈っていますよ)

wait on someone hand and foot

ネイティブはこう使う

誠実に仕える

このフレーズにある **wait on someone** は「〜に仕える、〜に給仕する」なので、これに **hand and foot** を加えて「誠実に仕える、何から何まで世話をする、必要なもの・欲しいものをすべて与える」を意味します。

hand and foot ＝「手と足」で「何から何まで」を意味するのはわかりやすいですね。

このフレーズは、ほかに「忠実に、まめに」と訳せます。かなりお節介な、あるいは過保護な感じもしますが、表現としては面白いですね。

会話で使ってみよう

A : Who is the old lady who <u>waits on him hand and foot</u>?

（まめまめしく彼に仕えている老婦人は誰なの？）

B : I don't know her name, but they say she doesn't have any relatives.

（名前は知らないけど、身寄りのない人だそうよ）

★ **relative** は「親類、身内」を指します。

「他人の髪の毛に入らないでいる」とは？

stay out of someone's hair

人の邪魔をしない

　何だかんだと言って、しつこくまとわりつく人ってい
ますよね。邪魔だし、迷惑この上ありません。

　stay out of someone's hair は、まさにこんな状態
を表現したもの。小さい虫などが髪の中に入り込んで、
人をイライラさせることから生まれた表現です。

　stay を **get** に代えて **get out of someone's hair**
としても同じです。また、**Get out of my hair.** と言え
ば「私の邪魔をしないで」となります。

**A：Stay out of my hair, if you want to last long
here.**

　（ここにもっといたければ、邪魔しないでね）

B：Sure.

　（もちろんしません）

★上の例の **last** は「続く、継続する、持ちこたえる」の
意味。**last out**（乗り切る）もよく使われる表現で、**The
company lasted out the recession.**（その会社は不
景気を乗り切った）などと使われます。

let one's hair down

ネイティブはこう使う

くつろぐ、打ち解ける

　昔の女性はみんな髪を伸ばしていて、外出するときは髪を結い上げてピンで留め、人前ではほどかないのがマナーとされていました。

　したがって、アップにしていた髪をほどくのは、家へ帰ってくつろぐ際や寝る前に限られていたのです。**let one's hair down** という表現は、この習慣から生まれました。もちろん、その意味は「くつろぐ、打ち解ける、ざっくばらんに話す」などです。

会話で使ってみよう

A：I think I must be going now.
　（そろそろ帰ります）

B：Why don't you let your hair down and enjoy yourself more?
　（たまにはくつろいで、もっと楽しくやったらどうだい？）

★ **I think I must be going now.** は、お暇する（＝失礼する）ときの決まった言い回しです。

「手から口へ生活する」とは?

live from hand to mouth

その日暮らしをする

　live from hand to mouth は、稼いだお金で食べ物が「手」に入ると、その日のうちに「口」に入れて食べなければならない、つまり「その日暮らしをする、貧しい生活をする、かつかつの生活をする」ことを意味する表現です。

　将来のための預金をせずに呑気(のんき)に暮らす場合にも、才能・努力にかかわらず環境や運が悪くて、貧しい暮らしを余儀なくされる場合にも使われます。

会話で使ってみよう

A : I used to <u>live from hand to mouth</u> when I was young.

（若いときは、その日暮らし同然だったよ）

B : You must have had a hard time.

（苦労されたんですね [苦労されたに違いありませんね]）

★ **used to** は「かつて〜した」で、過去の習慣や状態を表します。

★ **must have** は「〜したに違いない」の意味。**hard time** は「つらい時期」を表し、**hard times** と複数にすると「生活の苦しい時代」を意味します。

「首と首」って何を表している?

neck and neck

ネイティブはこう使う

負けず劣らず

　動物園へ行くと、キリンが首と首を絡ませ、こすり合わせているのを目にします。愛の表現なのでしょうか、それとも単にかゆいだけなのでしょうか?

　neck and neck というフレーズは、首の長いキリンが首同士を絡ませている……のではなく、２頭の馬が横一線に競り合っていることから生まれたもの。もとは競馬用語なのです。

　そこから比喩として、選挙やクイズ、カーレース、さらに各種のコンテストなどで「負けず劣らず、互角で」を意味するようになりました。

会話で使ってみよう

A : At present, the two candidates are running absolutely <u>neck and neck</u>.

（今のところ、２人の候補者は全く互角の戦いをしているね）

B : Yeah, but I think the current governor will win by a slim margin.

（うん、でも現職知事が僅差で勝つと思うよ）

★ **by a slim margin** で「わずかの差で」を表します。

pay through the nose

ネイティブはこう使う

ぼったくられる

　知らないバーへ入って、ビールを2〜3本飲んだだけなのに、何万円という法外な金額を請求された。そんな話を聞いたことはありませんか？

　このように「ぼったくられる、法外な代価を取られる」ことを、英語では **pay through the nose** と言います。

　この表現の由来は9世紀に遡ります。当時、支配者はたびたび人頭税を取り立てましたが、これに相当する **nose tax**（鼻税）を徴収しにアイルランドへ来たデンマークの役人が、税金を払えない人に罰として鼻を切り取ったことに由来するのだとか！

　ほかにも、「法外な代価を不満の鼻を鳴らしながら仕方なく払う」ことからとする説もあります。

会話で使ってみよう

**A : You'll have to pay through the nose,
　　if you drink at that bar.**

　（あのバーで飲んだら、ぼったくられるよ）

B : How do you know? Have you been there?

　（なんで知ってるの？ 行ったことあるの？）

「歯の皮で」って意味不明！

by the skin of one's teeth

かろうじて、やっとのことで

by the skin of one's teeth の直訳は「歯の皮で」ですが、誰が見ても歯に皮など付いてないように見えますね。

歯の表層は硬いエナメル質で、その下は象牙質（ぞうげ）でできています。そして、このエナメル質の硬さは水晶と同じくらいだとも。歯は体の中で一番硬くて丈夫なのです。

そんな歯には皮がないので、**by the skin of one's teeth** は「希薄（きはく）な空気よりも薄い」ことを意味し、ここから「かろうじて、やっとのことで」を表すようになりました。この表現では **by** の代わりに **with** が使われることもあります。

会話で使ってみよう

A：Where were you when the earthquake struck?

（地震が起こったとき、どこにいたのですか？）

B：We were home, and we escaped the tsunami by the skin of our teeth.

（家の中にいましたが、かろうじて津波からのがれました）

★ **tsunami** は日本語の「津波」が英語化した語です。

chicken feed

はした金

　ご存じかもしれませんが、**chicken**（ニワトリ）は餌をほんの少ししか食べませんね。したがって、餌代もあまりかかりません。**chicken feed** を直訳すると「ニワトリの餌」ですが、このフレーズは、「ニワトリの餌ぐらいの価値しかない微々たるお金」という発想から生まれたという説があります。

　ほかには、アメリカの開拓時代に、ニワトリに質、量ともに売り物にならない穀物を餌として与えたことに由来するとする説もあります。いずれにしても、**chicken feed** は「はした金」を意味するようになりました。

会話で使ってみよう

A：How much was your starting salary?
　（初任給はいくらでした？）
B：It was chicken feed.
　（ほんのわずかでしたよ）

★ **starting salary** は「初めてのサラリー」→「初任給」を意味します。

have a memory like an elephant

とび抜けて記憶力がいい

have a memory like an elephant は、西洋では象は記憶力のよい動物とされることから生まれた表現。**have a good memory**（記憶力がいい）を強調したものです。

たとえば、ある象に傷を負わせた人が数年後に同じ象に出くわすとしましょう。象は以前に自分を傷つけた相手を覚えていて、襲ってくるといいます。

象はそれほど記憶力がいい動物とされるため、**An elephant never forgets.**「象は決して忘れない」という諺があるほどです。

したがって、**have a memory like an elephant** は、この諺の発想が下敷きにあるといえるでしょう。「（こちらの都合の悪いことについて）記憶力がいい」というニュアンスがあります。

A : How old is your grandmother?

（おばあさんはいくつになられたの？）

B : She became 92 years old last month,
　　but she has a memory like an elephant.

（先月 92 歳になったけど、記憶力はすごくいいわよ）

「喉にカエルが入っている」の意味は？

have a frog in one's throat

喉に痰がからんでいる、しわがれ声である

「カエル」を指す **frog** には「痰（の塊）」という意味もあります。これを踏まえると **have a frog in one's throat**（直訳で「喉にカエルが入っている」）というフレーズが「喉に痰がからんでいる」を意味することもわかりますね。

　この熟語の起源には三つの説があります。一つは、飲んだ水の中のカエルの卵が孵って喉まで上がってきて気管を詰まらせ、一時的に声が出なくなったからとする説。もう一つは、池の水を飲んでいるときに間違ってカエルを一緒に飲み込んでしまったとする説。最後は、カエルの鳴き声がしわがれ声に似ているからとする説です。

　「（喉を痛めて）しわがれ声である、声がかすれている」という意味でも使われます。

会話で使ってみよう

A : What's the matter? You have a frog in your throat.

　（どうしたの？　しわがれ声よ）

B : I have a bad cold.

　（ひどい風邪をひいてるんだよ）

A : Take care (of yourself).

　（お大事に）

stick in one's throat

ネイティブはこう使う

言葉がなかなか出てこない

「あれ、あれ、あの人、名前何だっけ、あれ、あの人よ」などと、とっさに人の名前を思い出せない人がいますね。年配者に多いのですが。言おうとすることがあるのに思い出せない、考えがうまくまとまらず言葉にならない、ということは誰にもあります。

このような状態を、英語では **stick in one's throat** と表現します。このフレーズには、文字どおりの「（食べ物が）喉に詰まる」という意味もありますが、一般には「言葉が口から出かかっているのになかなか出てこない、言いたいことがまとまらずにうまく表現できない」ことを意味します。

会話で使ってみよう

A：I wanted to say to Helen "I like you," but my words stuck in my throat.

（ヘレンに「好きだよ」と言いたかったけど、言葉が出てこなかったよ）

B：Take a deep breath before you say next time.

（この次は、言う前に深呼吸しなさいよ）

have a monkey on one's back

ネイティブはこう使う

（麻薬）中毒にかかっている

have a monkey on one's back（直訳で「背中に猿が乗っている」）というフレーズは、欲望を抑えきれない猿が背中にとりついているという発想から生まれたものです。

もとは「（麻薬）中毒である」という意味でしたが、今日では、麻薬に限らず、タバコ、アルコール、特定の好きな食べ物など簡単にやめることのできない、習慣的になっていることについて使われます。

さらに、趣味やスポーツについて冗談で使われることもあります。

会話で使ってみよう

A：You smoke a lot.

（ずいぶんタバコを吸うね）

B：Yeah, I have a monkey on my back.

（うん、どうしてもやめられなくてね）

★アメリカでは州によって異なりますが、屋内は全面禁煙となっている州が圧倒的多数です。「禁煙」の掲示には、**No Smoking** や **Thank you for not smoking.**（禁煙にご協力ありがとうございます）があります。

「詰めるネズミ」とはどんなネズミか

a pack rat

何でも溜め込む人

　読者の方々の中には、何でもかんでも捨てられずに溜めておく人はいませんか？ 筆者はその1人で、包み紙、本のカバーや帯、毎年届く年賀状（数十年分）、古い二眼レフカメラなどが捨てられません。

　こういう人のことを **a pack rat** といいます。北米産の「モリネズミ」のことです。モリネズミは頬の中に物を入れて運び、巣の中に溜め込むことから、「何でも溜め込む人」を意味するようになりました。

A : I don't keep many things, but my husband is a pack rat.

（私は物を取っておかないけど、主人は何でも取っておくのよ）

B : So is my husband.

（うちの主人もよ）

★相手に同調することを表す「**So ＋動詞＋主語**」は、主語と動詞の順序に注意が必要です。**So do I.**、**So did I.**、**So am I.**、**So was I.**、**So can I.**、**So have I.** などと使われます。

「青い血」って、いったい何？

blue blood

貴族（の生まれ）、名門の出（の人）

　イベリア半島を征服したイスラム教徒に対し、キリスト教徒のスペイン人が国土回復運動（711〜1492）を行ったことは世界史で習いましたね。

　このときスペイン人は、自分たちの肌の色が敵対する褐色（かっしょく）の肌をしたムーア人（北アフリカ系のイスラム教徒）と異なることを強調して、白い肌に浮かぶ青い血管（**blue blood**）を誇っていました。

　彼らがこの「青い血管」を優越意識のシンボルにしたため、**blue blood** という表現が「貴族（の生まれ）、名門の出（の人）」を意味するようになったとされます。

会話で使ってみよう

A：That man must be a blue blood.
　（あの男性は名門の出の人に違いないよ）

B：How do you know?
　（どうしてわかるの？）

A：I know it from the way he talks.
　（彼の話し方からわかるよ）

★この **the way he talks** は「彼の話し方」という意味ですが、**his way of talking** と表現することもできます。

「紫に生まれる」って何のこと?

be born to the purple

高貴な家に生まれる

purple には「高貴な、華麗な」という意味があります。昔から高貴な色とされていて、紫色は王侯が着用する色であり、王室のシンボルとされていました。

be born to the purple という表現は、そのことに由来しています。**marry into the purple**（王家・貴族に嫁ぐ、玉の輿に乗る）、**be raised to the purple**（帝王の位に就く、枢機卿になる）などの表現もあります。

一方で、**purple** はけばけばしい印象を与え、「俗悪、軽蔑」をも暗示します。たとえば、**purple patch** には「華麗な章句」という意味のほか、軽蔑的に「大げさな表現」という意味もあります。**purple** は二面性のある語といえるでしょう。

会話で使ってみよう

A：Mr. Yoshida is just a gentleman.
　（吉田氏は紳士そのものだね）

B：Of course, he was born to the purple.
　（もちろん、彼は高貴な家の出だからね）

★ **just** にはさまざまな意味がありますが、上の例では「まさに」を表します。

Age before beauty.

ネイティブはこう使う

（年上の人に）お先にどうぞ。

建物や店から出るとき、あるいはエレベーターのドア前で、一緒に来た人や前から来る人、あるいはすぐ後ろから来る人に、「お先にどうぞ」と先を譲ることがありますね。

その場合、一般には **After you.** と言いますが、少しおどけて **Age before beauty.**（直訳で「美より年齢が先」）と言うこともあります。

一般に男女を問わず、年長者に道を譲る際に「年上の人からどうぞ」というニュアンスで使われます。

会話で使ってみよう

A：After you, please.

（どうぞお先に）

B：Oh, no. Age before beauty.

（いえいえ、ここはお先にどうぞ）

★ **After you.** や **Age before beauty.** のほか、**Go Ahead.** もよく使われます。

**Very like
a whale.**
全くそのとおりね。

「鯨によく
似ている」って
何だろう？

in apple-pie order

ネイティブはこう使う

きちんと整頓した、整然とした

in apple-pie order を直訳すると「アップルパイの順序で」ですが、これでは意味がわかりませんね。

これには昔、アメリカの主婦が週の初めに7日分のアップルパイを焼き、それを食べる曜日順に並べ、毎日きちんと順番に並んでいるかどうかをチェックするのが習わしだったとする説があります。

ほかには、やはりアメリカの女性がアップルパイを作る際に、皿の上に薄切りにした三角形のリンゴを「きちんと」並べたからだとする説もあります。そこから「きちんと整頓した、整然とした」を意味するようになりました。

なお、この表現は、カナダの作家 L・M・モンゴメリ作『赤毛のアン』の続編『アンの青春』に登場します。

会話で使ってみよう

A : Helen, I want your room in apple-pie order.

（ヘレン、自分の部屋をきれいに整頓しなさいよ）

B : Yeah, I'll do it. But I'm tied up now.

（ええ、するわ。でも今は手が離せないの）

★「手が離せない」は **be tied up** で表します。

「バナナになる」ってどんな状態？

go bananas

ひどく熱を上げる、頭がおかしくなる

banana を bananas と複数形にすると、「気が狂った」という意味になり、go bananas は「ひどく熱を上げる、頭がおかしくなる」を意味します。

語源は、猿が好物のバナナを目の前に出されて、キャッ、キャッと大騒ぎする様子からとされています。

邦画『男はつらいよ』シリーズの「男はつらいよ　寅次郎春の夢」(1979) で、アメリカ人セールスマンのマイケルが、ひょんなことから団子屋の「とらや」に宿泊することになりますが、ホームシックにかかり、故郷の母親に出す手紙にこのフレーズが出てきます。

会話で使ってみよう

**A：If my father hears that I got pregnant,
I'm sure he will go bananas.**

（私が妊娠したことを聞いたら、お父さんはきっと頭がおかしくなるわ）

B：Maybe so.

（そうかもね）

★ **get pregnant** で「妊娠する」。「避妊する」は **use birth control** です。

a box of chocolates

ネイティブはこう使う

綺麗な人や物、すてきな物

　チョコレートの入った美しい箱を見るだけで、甘く、おいしそうな香りがするような気がしますね。さて、そんなチョコレートの箱ですが、**a box of chocolates** とはどういう意味でしょうか？

　答えは「チョコレートの箱に描かれているようなロマンチックな人や物、綺麗な人や物、すてきな物」。ただ、月並みで、独創性がないというニュアンスも含まれます。

　この表現は映画『フォレスト・ガンプ』(1994) に出てきます。原文は "**Life is like a box of chocolates. You never know what you're gonna get until you open it up.**" ですが、「人生はチョコレートの箱のようなもの。開けてみなければ中身は全くわからない」という意味です。

会話で使ってみよう

A：What did you get as a birthday present from your boyfriend?

　（誕生日プレゼントに彼氏から何をもらったの？）

B：He gave me a box of chocolates.

　（とってもすてきな物よ）

turn the other cheek

ネイティブはこう使う

屈辱を許す

標題の表現は、新約聖書の「マタイによる福音書」（5章38節）がルーツです。キリストは「目には目を、歯には歯を（やられたら同等にやり返せ）」という古来の風習を否定し、人々に次のように言いました。

"Whosoever smites you on your right cheek, turn to him the other cheek also."

これを訳すと、「もし誰かがあなたの右の頬を打つなら、左の頬をも向けてやりなさい」となります。この最後の部分が **turn the other cheek**（屈辱を許す）という慣用句になりました。

会話で使ってみよう

A: Tom says he refuses to turn the other cheek when someone insults his brother again.

（トムは、誰かがまた弟を侮辱したらタダじゃおかないと言ってるよ）

B: Who insulted him first?

（最初に侮辱したのは誰なの？）

★ **refuse** は「（申し出・招待などを）断る、拒否する」、**insult** は「（人を）侮辱する」を意味します。

「(〜を)耳で聞いただけで演奏する」って?

> # play (something) by ear

行き当たりばったりでやる

play (something) by ear の直訳は「耳で聞いただけで演奏する」です。もちろん、この意味で使われることもありますが、一般には別の意味で使われます。

実は、この表現は「行き当たりばったりでやる、臨機応変に行動する」という意味。会議、プレゼンなどで準備する時間がないとか、必要な情報が不足しているために「ぶっつけ本番でやる」ときに使われます。

なお、このフレーズはアメリカ映画『マイライフ・マイファミリー』(2007) にも登場します。

A：How did you start this job?

　（どうやって、この仕事を始めたんですか？）

B：At the beginning on this job, I had to play it by ear.

　（最初は行き当たりばったりでやらねばならなかったよ）

★ **start** は「何かが始まり、それが続いていく」という連続運動のニュアンスです。**begin** は連続運動かどうかは関係なく、とにかく「ある時点で何かが始まる」というニュアンスです。

「べたつく指をしている」とは？

have sticky fingers

ネイティブはこう使う

手癖が悪い

sticky finger は「べたつく指」なので、have sticky fingers の意味はなんとなく推測できますね。汚れなどでべとべととして、何でもくっついてしまう指と解釈するとわかりやすいです。

べたつく指には物がくっつくことから、この熟語は「手癖が悪い、盗み癖がある」ことを意味します。

少し古いですが、*Sticky Fingers* は 1971 年にリリースされ、全英、全米ともに１位を記録したイギリスのロックバンド、ローリング・ストーンズのオリジナルアルバムのタイトルでもあります。

会話で使ってみよう

A : Thomas was fired.
　（トーマスがクビになったよ）

B : They say he had sticky fingers.
　（彼、手癖が悪いって噂だったからね）

★ fire には「重大なミスをしてクビになる」というニュアンスがあります。一方、同義の lay off は「企業側の都合で解雇する」というニュアンスです。

one's pound of flesh

強引な取り立て

まず、**flesh**（人間や動物の肉）を **fresh**（新鮮な）と間違えなかったでしょうか？ **flesh** は魚肉・鳥肉と区別して「獣肉」の意味で使われることもあります。ただし、現在では **flesh** より **meat** が多く使われるようです。

シェークスピア作『ベニスの商人』をご存じでしょうか？ ベニスの商人アントニオは友人の結婚資金のため、悪名高い金貸しのシャイロックに借金をします。その際、シャイロックは、指定の日までにアントニオが金を返すことができなければ、肉１ポンド（**one pound of flesh**）をその体から取るという条件を突きつけました。

one's pound of flesh は、このエピソードに由来するため「強引な取り立て」を意味するわけです。

A : Gerald is kind enough to lend money, but he gets his pound of flesh.

（ジェラルドは親切にお金を貸してはくれるけど、取り立てでは情け容赦がないよ）

B : Well, would you lend me some?

（じゃあ、キミが少し貸してくれる？）

a pain in the neck

ネイティブはこう使う

煩わしい人・物事、面倒なこと

朝起きたとき、寝違えて首が痛く、回らないことがあります。経験がある人はおわかりだと思いますが、首が痛いのはつらく、思うように行動や仕事ができないので「悩みの種」ですね。

a pain in the neck は、まさにこの「悩みの種」という意味。転じて、「煩わしい人・物事、面倒なこと」も表します。このフレーズは、アメリカのドラマ『ブルー・ブラッド NYPD 正義の系譜』(2011) に出てきます。

会話で使ってみよう

A : This old computer is a real pain in the neck. It crashes much more often than it should.

（この古いパソコンには本当にイライラするよ。よく故障するんだ）

B : Why don't you buy a new one?

（新しいのを買ったら？）

★ **crash** は「コンピュータが暴走する、機械の機能が停止する」ですが、一般には「激突する、墜落する」を意味し、何かがぶつかって壊れることを指します。

stick one's nose in ~

ネイティブはこう使う

〜に口出しする

　何事にも口を出す人、出しゃばる人っていますね。迷惑なことです。英語の **stick one's nose in ~** は、「〜に口出しする、人のことを干渉する、余計な詮索をする」という意味で使われます。

　このフレーズは、アメリカ文学の巨人ジョン・スタインベックの『怒りの葡萄』(1939) や、ディズニー映画『ピノキオ』(1940) に登場しますし、日常会話でも頻繁に使われます。

　stick の代わりに **poke**（突く）も使われます。

会話で使ってみよう

A : Why don't you stop sticking your nose in anything?

（何事にも口を挟むのはやめたらどう？）

B : OK, OK. Next time I'll keep my mouth shut.

（わかった、わかったよ。今度は口を閉ざすよ）

★この **keep** は「（ある動作・状態を）保つ」ですが、「（日記・記録・帳簿などを）つける」、「（店・ホテルなどを）経営する、管理する」をも意味します。

the man on the street

一般市民、普通の人

the man on the street の直訳は「通りにいる男」。つまり、権力者や有名人ではなく、「一般市民、普通の人」を意味します。

英語では man となっていますが、女性にも使われます。また、形は単数ですが、概念的には複数です。イギリス英語では、on の代わりに in が使われます。

少し古いですが、1960年代にヒットしたボブ・ディランの歌に、*Man on the Street* というタイトルがあります。

英語には common people という表現もあります。「庶民、一般大衆」を指しますが、the common people とすると「民衆、人民」と訳されます。

A : This political confusion can't well be understood by the man on the street.

（今回の政局の混乱は、一般の人にはよく理解できないね）

B : I can't understand, either.

（私にもできないわ）

a bull in a china shop

ネイティブはこう使う

空気が読めない人

ここでの **china** は陶磁器を表します。中国を意味する場合は、**China** で頭文字が大文字になります。

a bull in a china shop というフレーズは『イソップ物語』の「陶工屋のロバ」(***The Donkey in a Potter's Shop***) という話が由来です。

話のあらすじは省きますが、繊細な **chinaware** (シノワ=陶磁器) がヨーロッパに伝わって以降、おとなしいイメージの **donkey** (ロバ) が荒々しいイメージの **bull** (雄牛) に、**potter's shop** (陶工屋) が **china shop** (瀬戸物屋、陶磁器屋) と言い換えられたようです。

瀬戸物屋の雄牛、つまり、雄牛が瀬戸物屋へ入れば、暴れて陶磁器を壊すだろうことが容易に想像できるところから「空気が読めない人、ヘマをして話をぶちこわす人」を意味するようになりました。

会話で使ってみよう

A : What do you think of Tom? He's outspoken.
　　(トムをどう思う? 彼は歯に衣を着せず話すね)

B : Oh, yes. He's a bull in a china shop.
　　(ええ、そう。彼って空気が読めないからね)

「太った子牛を殺す」とは、つまり…?

kill the fatted calf

ネイティブはこう使う

盛大にもてなす

kill the fatted calf というフレーズは、新約聖書の「ルカによる福音書」(15章23節) に登場する放蕩息子のたとえ話に由来しています。

父親は、与えたお金を使い果たし、苦難の末に戻ってきた放蕩息子を許します。このとき、父親は **"Bring here the fatted calf, and kill it."** つまり、「太った子牛を引いてきて、それを殺しなさい」と言って、その肉を息子にご馳走しました。

このことから、**kill the fatted calf** は「太った (肉付きのよい) 子牛を殺してご馳走する」を意味するようになりました。

今は「盛大にもてなす、大盤振る舞いをする」という意味で使われます。

会話で使ってみよう

A : Whenever we visit our former high school teacher, she kills the fatted calf.

（高校時代の恩師は、訪ねるたびに盛大にもてなしてくれるね）

B : To tell you the truth, I'll visit her next month.

（実は来月、彼女を訪ねるつもりなの）

「川の中流で馬を乗り換える」とは？

change horses in midstream

途中で計画を変える

change horses in midstream という表現は、乗っている馬を別の馬に乗り換えるとき、川に入る前に乗り換えておくべきで、川の流れの真ん中で乗り換えるのは非常識であることから生まれたもの。

つまり、途中で計画を変えるのは、やり方としては不適切であることを指摘しているのです。

アメリカ合衆国の第16代大統領リンカーンが、1863年の大統領選挙演説で、"**It is best not to change horses in midstream.**" と言ったのが最初とされていて、一般には否定形で「途中で計画を変えるな、仕事の途中で人を入れ替えるな」などの意味で使われます。

A : Why did Franklin's business fail?
　（フランクリンの商売はなぜ失敗したんだい？）

B : It was foolish of him to change horses in midstream.
　（愚かにも途中で計画を変更したからだよ）

★ **fail** は「失敗する」ですが、最近、若者の間ではスラングで「失敗」を意味する名詞形でも使われています。

「ヒツジとヤギとに分ける」とどうなる?

separate the sheep from the goats

ネイティブはこう使う

善人と悪人を区別する

sheep（ヒツジ）には「柔順・臆病者（おくびょう）」のイメージが、繁殖力の強い **goat**（ヤギ）には好色のイメージがあります。古くから、悪魔はよくヤギの姿で現れるといいます。

新約聖書の「マタイによる福音書」（25章32節）には、「（キリストが）すべての国民をその前に集めて、羊飼いがヒツジとヤギとを分けるように、彼らを分け、ヒツジを右にヤギを左に置くであろう」という表現があります。

つまり、羊飼いがヒツジの群れに舞い込んだ野生のヤギとヒツジとを分けることから、**separate the sheep from the goats** という言い回しが生まれました。「善人と悪人を区別する、役に立つ人と立たない人を選（え）り分ける」という意味で使われます。もちろん、善がヒツジで、悪がヤギです。

会話で使ってみよう

A : The final stage is when they separate the sheep from the goats.

（彼らが役に立つ人と役に立たない人を区別するのは、最後の段階だよ）

B : What do they do before that?

（その前に、彼らは何をするの？）

第2章　映画やメディアで頻出の英語表現　　53

a snake in the grass

予期しない危険、隠れた敵

　昔から、蛇は恐れられ、嫌われものとされています。筆者も、爬虫類（**reptile**）、特に蛇は大嫌いで、見るだけでゾッとします。

　英語には、**a snake in the grass** という表現があります。この表現は、蛇は人目につきにくく、「草むらに潜んで何かをたくらんでいる」というイメージから生まれたものですが、もとをたどるとローマの詩人ヴァージルの『牧歌』の一節から採られた言葉とされています。「予期しない危険、隠れた敵、（特に親しさを装う）裏切り者」を表します。

A：What do you think of Helen's brother?

　（ヘレンのお兄さんをどう思う？）

B：She is a good woman, but I found out he is a snake in the grass.

　（ヘレンはいい人だけど、お兄さんは裏切り者だとわかったわ）

★「〜をどう思う？」は **What do you think of〜?** です。

「クジラによく似ている」ってどういうこと？

very like a whale

全くそのとおり

　クジラは世界の多くの地域で神聖視されています。特に海沿いで生活しているアメリカの先住民にとって、クジラは「永遠の愛、幸運」の象徴だそうです。日本でも、クジラは漁業神や漂着神として神格化されてきました。

　英語には **very like a whale**（直訳で「クジラによく似ている」）という表現があります。この表現はシェークスピアの四大悲劇の一つ『ハムレット』で「不合理な話に対する反語」として登場しています。「全くそのとおり、いかにも仰せのとおり」という意味ですが、バカげた話に対する皮肉な答えとして使われます。

会話で使ってみよう

A：I can eat five hot dogs at a time.
　（ホットドッグなら、一度に５個は食べられるよ）
B：Very like a whale.
　（全くそのとおりだね）

★ **at a time** は「一度に」を表します。会議で複数の人が同時に発言しようとしたとき、議長が **One at a time.**（一度に１人ずつ）と言って発言の順番を調整します。

「オオカミと叫ぶ」とはどうすること？

cry wolf

ネイティブはこう使う

人騒がせな嘘をつく

　羊飼いの少年が「オオカミが来た！」と叫ぶので、村人が急いで駆けつけてみると、退屈した少年がみんなの注意を引くためについた嘘だった。少年はこれを何度も繰り返したので、本当にオオカミが来たときには誰も助けに来ず、ついにオオカミに食べられてしまった——。

　cry wolf はこのように、嘘つきは真実を話したときにも信じてもらえないと説いた『イソップ物語』の「羊飼いの少年とオオカミ」に由来しています。したがって、当然「人騒がせな嘘をつく、不必要な助けを求める」という意味になります。

会話で使ってみよう

A：Mom! Come to my room. Hurry. There is a big spider again in my room.

　（お母ちゃん！ 部屋へ来て。急いで。また大きなクモが入ってきたの）

B：OK, OK, Mary. Stop crying wolf and go to bed soon.

　（わかった、わかったわよ、メアリー。人騒がせな嘘をつくのはやめて早く寝なさい）

「オリーブの枝」の意味するものは?

an olive branch

ネイティブはこう使う

平和の象徴、休戦・仲直りの申し出

オリーブの枝は「平和・和解の象徴」とされています。旧約聖書の「創世記」(8章11節)の **"It turned to him in the evening with a fresh olive leaf in its beak. So Noah knew that the water had gone down."** がもとで、訳は以下のとおりです。

「ハトは夕方になってノアのもとに帰ってきた。見よ、ハトはくちばしにオリーブの葉 (のついた枝) をくわえていた。ノアは水が地上から引いたことを知った」

この、ノアの方舟から放ったハトがオリーブの枝を持ってきた故事から、ハトとオリーブの枝が「平和・和解の象徴」とされるようになりました。**an olive branch** は「平和の象徴、休戦・仲直りの申し出」の意味です。

会話で使ってみよう

A : After a week of our quarreling, my husband held out <u>an olive branch.</u>

(ケンカして1週間後に、夫が仲直りを申し出てきたの)

B : Good for both of you.

(よかったね)

★ **hold out** は「差し出す、申し出る」の意味です。

sweat blood

ネイティブはこう使う

四苦八苦する

sweat blood という表現は、新約聖書の「ルカによる福音書」(22 章 44 節) の "**And being in an agony he prayed more earnestly; and his sweat became great drops of blood falling down upon the ground.**"、つまり「イエスは苦しみ悶えて、ますます切に祈られた。そしてその汗が血の滴りのように地に落ちた」という文章が下敷きになっているとされます。

「(何かをするために) 四苦八苦する」という意味ですが、常に多少なりとも「心配する」というニュアンスが含まれています。

会話で使ってみよう

A : The President sweats blood in order to reconstruct a deficit budget.
(大統領は赤字予算を立て直すために四苦八苦しているね)

B : I feel for him.
(彼には同情するよ)

★ **reconstruct** は「(破壊後に) 再建する」、**deficit** は「不足額、赤字」という意味です。**I feel for someone.** の代わりに、**I feel sorry for someone.** もよく使われます。

「(夏の)犬の日々」って何？

the dog days (of summer)

夏の最も暑い時期

英語では７月初めから８月中旬にかけての蒸し暑い日々を、**the dog days (of summer)** といいます。日本の「土用の丑（の日）」前後に当たります。

古代ローマで、真夏の暑い時期は、オオイヌ座の一等星「シリウス」（**the Dog Star**）が太陽に熱を貸すからだと信じられていました。のちに日付とは関係なく「夏の暑い日々」が **the dog days (of summer)** となりました。

ところで、アル・パチーノ主演の映画『狼たちの午後』（1975）の原題をご存じですか？

Dog Day Afternoon なのですが、**Dog Day** は「盛夏」のこと。とても暑いある日の午後の出来事なので、**dog day** と単数になっています。なお、映画の内容は邦題の「狼たち」とは何の関係もありません。

会話で使ってみよう

A : Japanese eat eels during the dog days of summer. What do you do in your country?
（日本人は土用の丑の日に鰻を食べますが、あなたの国では何をしますか？）

B : We don't do anything special.
（特別なことは何もしません）

Tomorrow is another day.

ネイティブはこう使う

明日は明日の風が吹く。

　日本語には、「明日は明日の風が吹く」という表現があります。意味は「なるようになる」ですが、「なるようにしかならない」と開き直る意味や、明日に期待を寄せる意味でも使用されます。

　語源には諸説あり、一つは昭和初期に講談や落語の中で「明日は明日の風が吹く」という言い回しがあり、それが一般社会で使われ始め、諺になったとする説です。

　もう一つは、マーガレット・ミッチェルの小説『風と共に去りぬ』の映画版の最後の部分に、**Tomorrow is another day.** が出てきたからとする説です。このセリフは、「明日という日もあるのだから、希望を捨てるな」という積極的なニュアンスです。

会話で使ってみよう

A : I flunked the Introduction to English Linguistics.

　（「英語学概説」のコースを落としちゃったよ）

B : Don't worry. Tomorrow is another day.

　（気にしないで。明日という日もあるから希望を持って）

★ flunk は「（試験を）しくじる」という意味です。

a place in the sun

ネイティブはこう使う

世間の注目

　人生の価値観は人によってさまざまですが、多くの人は「日の当たる場所」、つまり華やかで恵まれた地位や境遇に憧れるもの。こうした恵まれた境遇を表す英語に、**a place in the sun** があります。日の当たる場所ですから、昼日中も堂々としていられるわけですね。

　実は、同じタイトル（邦題は『太陽のあたる場所』）の歌が、1966 年にスティービー・ワンダーによってリリースされています。筆者もこの歌が好きで、彼の優しくも力強い歌声、加えて元気をくれる歌詞に惹かれ、レコードがすり切れるほど聴いたものです。

　このフレーズは、「世間の注目、華々しい地位、有利な地位」という意味で使われます。

会話で使ってみよう

A : Walter has finally found a place in the sun.
　（ウォルターはやっと世間の注目を浴びたね）

B : Yeah. He is a man of great capacity.
　（ええ、彼には偉大な才能があるからね）

★ **capacity** といえば「収容能力」をイメージしますが、「才能、知的能力」という意味もあります。

「バケツのリスト」って何のこと？

bucket list

ネイティブはこう使う

死ぬまでにやっておきたいことのリスト

　アメリカ映画 **THE BUCKET LIST**（邦題は『最高の人生の見つけ方』2007）のヒットで、アメリカで一大ブームとなった表現が **bucket list** です。では、**bucket list** とはどういう意味でしょうか？

　実は、18世紀頃から使われている **kick the bucket**（バケツを蹴る）という言葉が起源です。俗語で「死ぬ、自殺する」という言い回しなのですが、自殺しようとする人が、伏せたバケツの上に乗って吊るしたロープに首を掛け、バケツを蹴って自殺することが由来なのだそう。

　bucket list は、**before kicking the bucket**（死ぬ前）という表現から「死ぬ前にやっておきたいことのリスト」という意味で使われるようになりました。

会話で使ってみよう

A : Have you made your <u>bucket list</u> yet?

　（死ぬまでにやっておきたいことのリストはもう作った？）

B : yes. I have. I will travel around world one more time.

　（ええ、作ったわ。もう一度世界一周をするつもりよ）

**Music is meat
and drink to me.**
音楽は何よりの楽しみだよ。

「音楽が肉と
飲み物」って
どういう意味?

「リンゴを磨く人」ってどういう人?

an apple polisher

ゴマすり野郎

　上位の人を持ち上げたり、おべっかを使って気に入られようとすることを「ゴマをする」と言いますね。

　日本ではゴマをすりますが、アメリカではリンゴを磨きます。アメリカで昔、小学生が先生のご機嫌をとって成績を上げてもらおうと、ピカピカに磨いたリンゴを先生に差し出したことが **an apple polisher**（ゴマすり野郎）の語源なのだそう。

　リンゴで買収（ばいしゅう）される先生も素朴すぎますが……。

　なお、**polish the apple** と言えば「機嫌をとる、ゴマをする」という動詞になります。

会話で使ってみよう

A：Henry polished the apple around the boss, and was promoted to section chief.

　（ヘンリーは上司の機嫌をとって課長に出世したんだよ）

B：He is really an apple polisher.

　（彼こそ、まさにゴマすり野郎だな）

★上の会話の **around** は **to**（〜に対して）と同じ意味です。

★ **be promoted to** は、上の例では「出世する」と訳しましたが、「昇格・進級する」という意味もあります。

なぜ「リンゴの手押し車をひっくり返す」の?

upset the apple-cart

台無しにする

upset the apple-cart は、何かの拍子に、あるいは
わざとに、リンゴが満載されたリンゴ売りの手押し車を
路上でひっくり返すことから、比喩で「台無しにする、
(人の)計画をくつがえす」いう意味で使われます。

今日では、事業、スポーツなどあらゆる事柄について、
計画やくわだて、さらに今までの実績などを途中で台無
しにしてしまうときに使われます。

会話で使ってみよう

A:Why did you tell John our plan?
　You upset the apple-cart.

　(なんで俺たちの計画をジョンに話したんだ? お前がすべ
　てをおじゃんにしたんだぞ)

B:I'm so sorry. I made a slip of the tongue.

　(本当にすみません。つい口が滑ってしまいました)

★ a slip of the tongue (舌の先)は「口が滑ること」、
つまり「失言」を意味します。make a slip of the
tongue と言うと、動詞で「つい口を滑らす、失言する」
という意味になります。

「〜についての牛肉」って何のこと？

beef about (something)

不平を言う

beef はもちろん「牛肉」のことですが、「(人間の) 筋肉、肉付き」、俗語では「不平」という意味もあります。さらに動詞で「不平を言う、ぶつぶつ言う」ことを意味するのですが、これは昔、ギャングが **cut a beef** (不平を言う) という表現を使ったことが由来なんだとか。今日ではこの表現が **beef about (something)** となりました。

ところで、**Where's the beef?** (ビーフはどこ?) という面白い表現があります。文字通りの意味でスーパーや家庭で使われますが、「その話の中身 (**beef**) はどこにあるの?」という意味でも使われます。

会話で使ってみよう

A : The old woman is always <u>beefing about something</u>. What's wrong with her?

(あのおばあさん、いつも何かしら文句を言っているけど、何が問題なんだろうか?)

B : Don't ask me.

(さあねえ)

★上の **Don't ask me.** (直訳は「私に聞かないで」) は「さあねえ、知らないね」と訳します。

on the breadline

生活に困窮して

　日本だけでなく海外でも、失業者や貧困者、ホームレス、災害の被災者や外国からの避難民のために、役所やボランティア団体が食料を配給しますね。

　配給される物は、弁当から食材までさまざまですが、パンをよく食べる国々ではパンも配給されます。

　breadline は「パンの施しを受ける失業者などの列」のことです。**on the** を付けて「食料配給の列に並んで」がもとの意味です。ここから発展して、「生活に困窮して、援助を受けて、食料も買えないほど貧しい」という意味で使われるようになりました。

A : Steve was <u>on the breadline</u>, until he got a job.

（スティーブは職に就くまで、政府の援助を受けていたんだよ）

B : You mean he has been on relief?

（生活保護を受けていたってこと？）

★ **on relief** で「生活保護を受けて」という意味です。

kill the golden goose

目先の損得にとらわれて大損をする

kill the golden goose は、毎日１個ずつ金の卵を産むガチョウの飼い主が、それでは満足できず、一挙に大金を得ようとしてガチョウを殺した『イソップ物語』の「金の卵を産むガチョウ」という話に由来します。

「目先の損得にとらわれて大損する、不注意な行為をして財源をなくす」という意味で、一般には欲をかくことの戒め（いまし）として使われます。

もとの文は、**Kill the golden goose that lays the golden eggs.**（金の卵を産むガチョウを殺す）でしたが、のちに **not** を付けて、**Kill not the goose that lays the golden eggs.**（目先の利益に目がくらんで、将来の大きな利益を犠牲にするな）という諺（ことわざ）が生まれました。

A : You should sell these stocks now. You'll be killing the golden goose that lays the golden eggs.

（この株は今売ったほうがいいよ。目先の損得にとらわれると、大損することになるからね）

B : Thank you for your advice.

（ご忠告ありがとう）

goose pimples

ネイティブはこう使う

鳥肌

　私たちは、寒いときや、怖い思いをすると鳥肌が立つことがありますね。日本語の「鳥肌」に相当するのが **goose pimples** です。

　pimples は「ニキビ状の小さな吹き出物」のことですが、**pimples** の代わりに **bump**（こぶ）を使って **goose bumps** と言うこともあります。

　日本語では「鳥」が、英語では鳥は鳥でも、特定の鳥「ガチョウ」が比喩として使われている点が面白いですね。

会話で使ってみよう

A：Have you seen your mother-in-law recently?

（最近、義理のお母様にお会いになった？）

B：Oh, no. Just thinking about meeting her gives me <u>goose pimples</u>.

（いいえ。会うと考えただけでも鳥肌が立つわ）

★ **mother-in-law** の直訳は「法律上の母」で「義母」のこと。「義父」「義姉妹」「義兄弟」はそれぞれ、**father-in-law**、**sister-in-law**、**brother-in-law** です。

「ジュースを踏む」とどうなるの?

step on the juice

スピードを上げる

juice は「ジュース」で問題なさそうですが、面白いことに、juice には「人の活力源、元気、(アメリカの話し言葉で) ウイスキー」などの意味があります。

また、「(機械の) 動力源、燃料、ガソリン」という意味もあり、ここから、step on the juice が「スピードを上げる」を表すようになりました。

step on the gas、step on the accelerator も同じ意味です。

会話で使ってみよう

A : Step on the juice, man.
  (おい、もっと [車の] スピードを上げろよ)
B : No. I'm often getting caught for speeding.
  (ダメだよ。スピード違反で何度も捕まってるんだから)

★ speeding で「スピード違反」を表します。したがって、get caught for speeding は「スピード違反で捕まる」、fine a person for speeding は「スピード違反で人に罰金を科す」となります。

「肉と飲み物」とは、つまり…？

meat and drink

生きる喜び、何よりの楽しみ

meat は、かつて「食べ物」全般を指していました。現在、**meat** は、鳥肉、魚肉と区別して食用とする「動物の肉」を指します。なお、鳥肉は **chicken**、**poultry** で、魚肉は **fish** です。

drink は文字どおり「飲み物」のこと。人間は食べ物を食べなくとも、水さえ摂っていれば2〜3週間は生きられるそうです。しかし、水を一切摂らないと、せいぜい3〜4日で命を落としてしまいます。水の大切さがわかりますね。

meat と **drink** が組み合わさって「滋養」の意味になり、そこから「精神を維持するもの、心のよりどころ」、つまり「生きる喜び、何よりの楽しみ、心の糧」を意味するようになりました。

会話で使ってみよう

A：Aunt Sophia has many hobbies.
（ソフィアおばさんは趣味が多いですね）

B：Yes. Music is <u>meat and drink</u> to her among others.
（そうね。彼女の楽しみは特に音楽だよ）

「マスタードを切る」ってどういうこと？

cut the mustard

ネイティブはこう使う

期待どおりの成果を上げる

刺し身にはワサビが付き物ですが、ホットドッグを食べるときにはイエローマスタードが欠かせません。

英語には、マスタードを使った **cut the mustard** という表現があります。「マスタードを切る」とはどういうことでしょうか？

実は、この **cut** は「切る」ではなく、俗語で「成し遂げる」。**mustard** は「ピリリと辛い、鋭い味がする」ことから「すばらしいもの」を意味し、転じて「最高のもの、本質的なもの」を表すようになったそうです。

ここから、「本質的なものに達する」→「期待どおりの成果を上げる」という表現が生まれました。なお、この表現は否定文でよく使われます。

会話で使ってみよう

A：I decided to ask Sue to do this job, because Mary didn't cut the mustard.

（メアリーが期待どおりの成果を上げなかったので、この仕事をスーに頼むことにしたよ）

B：I see. I hope she will do it well.

（わかった。彼女がしっかりやることを望むよ）

snake oil

ネイティブはこう使う

インチキ薬(を売る人)、あやしげな製品

　最近は見かけなくなりましたが、昔は「さて、お立ち会い!　ガマと申しましても、ただのガマとはガマが違う」で始まる「ガマの油売り」の啖呵売に出くわすことがありました。ガマの油とは、ガマガエルの分泌液を使った止血作用があるという触れ込みの軟膏のこと。

　このガマの油に相当する英語が **snake oil**(直訳で「蛇の油」)です。この表現は、18〜19世紀に欧米の実業家が、万能薬だと宣伝してミネラルオイルに化合物を混ぜて売りましたが、効果があったりなかったりしました。

　したがって、**snake oil** とは「何にでも効くというインチキ薬や、それを売る人」のこと。また「万能であると強調した、あやしげな製品」をも指します。

会話で使ってみよう

A : I have been taking some nutritional supplements for several years.
(ここ何年間も栄養補助剤を摂ってるの)

B : Don't you know most of them are just modern snake oil?
(そのほとんどが現代のインチキ薬にすぎないってこと知らないの?)

「漬け汁に漬けられた」って何のこと？

be pickled

酔っぱらっている

　pickled は動詞 pickle（酢漬け・塩漬けにする、ピクルスにする）の過去分詞形で、「漬け汁に漬けられた」が原義です。一方、酒に酔っぱらった人を「酒浸しになっている」と表現することから、「酒に酔っている」という意味に発展したものです。

　be pickled は「酔っぱらっている」、get pickled は「酔っぱらう」です。

　名詞 pickle は「漬物の漬け汁、漬物、ピクルス」を指します。be in a pickle は「漬け汁に浸っている」ので「自由がきかない」→「困っている」を意味し、緊急事態などで、どうしていいかわからないときに使われます。

会話で使ってみよう

A：Have you got a hangover?
　（二日酔いかい？）

B：Yeah, we all were pickled pub-crawling last night.
　（うん、昨夜ははしご酒をして、みんな酔っぱらっちゃったよ）

★ **pub-crawl** は「はしご酒をする」です。

one's sweetie pie

ネイティブはこう使う

かわい子ちゃん

　パイは、米国の主婦が誇りとする料理。では、**pie** の語源はというと、実はカササギ（**magpie**）という鳥にあります。肉や果物などいろいろな具を小麦粉の生地に詰めて焼き上げる料理が、いろいろなものを巣に詰め込む習性のあるカササギになぞらえられて「パイ」と命名されました。

　pie を使った表現もいろいろです。**one's sweetie pie** はその一つで、「甘くておいしいパイ」が直訳に近いですが、「食べちゃいたいくらいかわいい人」という意味。恋人同士、家族間での呼びかけとしても使われます。

　pie には「すばらしいもの」という意味もあり、「特にかわいい女性」は **cutie pie** と表現します。

会話で使ってみよう

A：Do you have a girlfriend now?
　（今、付き合ってるコいるの？）

B：Yes, Paula is now my sweetie pie.
　（うん、ポーラが今の彼女だよ）

★ **girlfriend** は恋愛関係にある特定の女性を指すため、男性が女友達の意味で用いる場合は **friend** が無難です。

a shot in the arm

ネイティブはこう使う

絶好の刺激剤、元気のもと

新型コロナ感染症（COVID-19）の世界的な流行で、ワクチンを打たれた人も多いでしょう。あれは「腕に」ではなく「肩に」でしたが。

さて、英語には **a shot in the arm** という表現があり、注射をすると元気が出ることから「絶好の刺激剤、元気のもと」を意味します。1844 年にアイルランドの医師が皮下注射を開発したのちに生まれた表現とされます。

主として、組織や経済など、社会的な事柄について使われます。

会話で使ってみよう

A : How come that company has recovered?
（あの会社はどうやって再建したんですか？）

B : It seems the relaxation of regulations was a big shot in the arm for them.
（規制緩和が絶好の刺激剤になったようだよ）

★ **How come ～ ?** は **Why ～ ?** と同じ意味で、会話でよく使われます。ただし、**Why ～ ?** と異なり、後に続く文の語順（主語と動詞）を変える必要はありません。

「自分の脳をたたき出す」って？

beat one's brains out

（一生懸命）頭を絞る

　いくら考えても、いい知恵が浮かばないことがありますよね。そんなとき、つい頭をたたきたくなりますが、英語の **beat one's brains out** は、まさにそんな状態を表すフレーズです。

「脳みそをたたき出すほど一生懸命、頭をぶって考える」ということで、「（一生懸命）頭を絞る」という日本語に相当します。

A : What are you doing?《電話で》

　（今何してるの？）

B : I'm beating my brains out to solve the issue in question!

　（例の問題を解くのに頭を絞ってるの！）

★ **What are you doing?** は、上の例のように、話し相手が目の前にいないときは「今何してるの？」ですが、相手が目の前で予想外のことをしたときは「何やってんだよ！」と訳します。

be all ears

ネイティブはこう使う

耳をそばだてて聞く

「全身が耳の人」なんて、お目にかかったことがありません（もちろん、そんな人はいないのですが）。

では、**be all ears** とはどういう意味でしょうか？ たとえば、人の噂話などをすごく聞きたがる人がいますよね。「聞かせて、聞かせて！」とせがむような人が。**be all ears** とは、このように「耳をそばだてて聞く」様子を表します。

この表現は、噂話など日常的な会話から、格調の高い講演までさまざまな場面で使われます。少し古いですが、日本語の「耳をダンボにする」に相当するでしょう。

会話で使ってみよう

A：When I started telling about my experience in Africa, the children <u>were all ears.</u>

（アフリカでの経験を話し始めたら、子どもたちは熱心に聞いていたよ）

B：Your experience is unique and funny.

（君の経験はユニークで、おかしいからな）

★ **unique** は「唯一の、秀でた」であり、「変わった、おかしな」という意味はないので注意が必要です。

「自分の目のリンゴである」とは?

be the apple of one's eye

目の中に入れても痛くない存在

be the apple of one's eye の直訳は「自分の目のリンゴである」ですが、これでは何のことかわかりませんね。実はもともと、**the apple of one's eye**（目の中のリンゴ）で、瞳孔や眼球そのものを指していました。

昔、人々は「瞳が球形である」と考え、彼らにとって丸いものの代表は、**apple** でした。そこから、**the apple of one's eye** が「愛しいもの」を意味するようになり、さらに「目の中に入れても痛くない存在、最も貴重なもの」の比喩として使われるようになったのです。

また、**the apple of one's eye** は旧約聖書の「詩篇」（17章8節）で "**Keep me as the apple of the eye.**" つまり「瞳のように私を大事にして」と記されたのが最初とされています。

会話で使ってみよう

A : Being the only child, Sue is the apple of her parents' eyes.
（スーは一人っ子だから、両親には目に入れても痛くない存在なのよ）

B : I envy her.
（彼女がうらやましいわ）

「雄牛の目に当てる」ってどういう意味？

hit the bull's eye

ネイティブはこう使う

的を射た発言・行動をする

　弓道では、的の中心にある黒い点を「図星」と呼びますね。その黒い点を狙って的を射ることから、急所や狙い所を意味し、さらには「相手の思惑を当てる」という意味でも使われます。

　英語では「射撃やダーツなどの標的の中心円」のことを **bull's eye** と呼び、その部分に命中させることを **hit the bull's eye**（雄牛の目に当てる）と表現します。

「的を射た発言・行動をする、大成功を収める、図星を指す」という意味で使われますが、馬や豚の目ではなく、なぜ「牛の目」なのかは不明です。やはり牛は「まん丸な目」をしているからでしょうか？

会話で使ってみよう

A : Eddie often hits the bull's eye.
　（エディはよく的を射た発言をするね）

B : I'm sure he is smart.
　（彼って確かに頭がいいよね）

★ **smart** に「体つきが細身」という意味はありません。そう言いたいときは、**slim** や **slender** が妥当です。

「顔を失う」ってどういうこと?!

lose one's face

メンツを失う

　英米人も、日本人ほどではありませんが、他人や世間の評価・評判を気にします。英語の **lose one's face** という言い回しは、中国語や日本語の表現を英語に直訳したものとされていて、意味は日本語とほぼ同じで「メンツを失う、恥をかく」です。

　また、**make someone lose face** と言えば、「顔に泥を塗る」という意味になります。**You really made me lose face.**（よくも俺の顔に泥を塗ってくれたな）などと使われます。逆の意味の **save (one's) face**（メンツを保つ）は、この表現をもとに作られた言い回しです。

会話で使ってみよう

A : Henry has <u>lost his face</u> with friends.
　He was respected by them.
　（ヘンリーは友達の前でメンツを失ったんだよ。彼らに尊敬されていたのに）

B : What did he do?
　（彼、何をしたの？）

★ **respect**（敬意を払う）は日本でも「リスペクトする」などと使われますね。

put one's finger on something

はっきり指摘する、突き止める

put one's finger on something という表現の直訳は「ある物の上に指を置く」ですが、これでは何のために、どこに指を置くのかわかりませんね。

実はこの表現、「（悪の原因や患部などを）はっきり指摘する」、「（ある場所を）突き止める」、「（犯罪を目撃して）犯人を特定する」などの意味で使われます。

また、この表現には「はっきりと思い出す」という意味もあります。

A：I saw something in the dark.
　（暗闇で何かを見かけたんですが）

B：Did you put your finger on what it was.
　（それが何かを突き止めたの？）

★ **dark** といえば「暗い、濃い」と訳しますが、ほかにもさまざまな意味があります。**a dark passage**（意味のはっきりしない一節）、**dark days**（失意の時代）、**dark look**（不機嫌な目つき）などです。

「指が骨になるまで働く」とは？

work one's fingers to the bone

身を粉にして働く

work one's fingers to the bone を直訳すると、「指が骨になるまで働く」になりますが、どのような働き方なのでしょう？

19世紀のイギリスやアメリカでは、裁縫に従事した女性たちが工場で重労働を強いられました。この表現は、指がダメになるまで働かされたことから生まれた表現です。まさに日本語の「身を粉にして働く」に相当します。

単純に考えると、**work hard** でもよさそうですが、悲壮感が伝わってきません。似た表現に **work one's butt off**（お尻が吹き飛ぶほど働く）もありますが、下品な表現なので使用には注意が必要です。

会話で使ってみよう

A : Mrs. Hill worked her fingers to the bone to raise eight children by herself.

（ヒルさんは1人で8人の子どもを育てるのに、身を粉にして働いたのよ）

B : Is that so? Are all of her children fine and doing okay?

（そうなの？　お子さんたちはみんな元気で、うまくやってるの？）

get one's foot in the door

ネイティブはこう使う

足がかりをつかむ

少し開いたドアに片足を挟むことができれば、相手はドアを閉めることができません。**get one's foot in the door** は、このことから生まれた表現です。

「足がかりをつかむ、（会社・組織などに）入る機会をつかむ」という意味で、ビジネスや仕事の場面で、ある目標を達成するため、または将来成功するために最初のステップをつかむときによく使われます。就職の場面で頻繁に出てくるフレーズです。

get の代わりに **have** が、**foot** の代わりに **toe**（つま先）が使われることもあります。また、同じ意味には **shoo-in** もあります。

会話で使ってみよう

A : If you lend me one million yen, I will <u>get my foot in the door</u>.

（もしキミが 100 万円貸してくれれば、足がかりをつかんだも同然なんだが）

B : No, it's impossible.

（いいや、それは無理だよ）

「(噛みついた) 犬の毛」ってどういうこと？

the hair of the dog (that bit one)

ネイティブはこう使う

二日酔いの迎え酒

読者の中には経験者もいるでしょう。前の晩に飲み過ぎて、翌日の朝には生きた心地がしなかったことが。

the hair of the dog (that bit one) の直訳は「(噛みついた) 犬の毛」です。これがどうして「二日酔いの迎え酒」を意味するのでしょうか？

これは、狂犬病の犬に噛みつかれてできた傷は、その噛んだ犬の尻尾の毛を焼いて傷口に当てると治るという俗信に由来します。この「噛んだ犬」が、「飲んだ人を二日酔いにした酒」にたとえられています。

この場合の **hair** は「髪の毛ほどのごく少量の」という意味です。二日酔いの迎え酒は少量が効果的ですね。ちなみに、「二日酔いの薬」は **hangover pill** です。

会話で使ってみよう

A : What's the problem? You look pale.
（どうしたんだい？ 青い顔をして）

B : I've got a hangover.
（二日酔いなんだよ）

A : Then, why not take the hair of the dog?
（じゃあ、迎え酒をやったらどう？）

can't make heads or tails of something

ネイティブはこう使う

全く理解できない

　相手の話が理路整然としていないせいか、いくら聞いてもチンプンカンプンなことってありますね。**can't make heads or tails of something** がこれに相当します。

　make heads or tails of something が、**can't** を伴って「全く理解できない」を意味する慣用句になりました。

　この世には、どちらが頭か尻尾かわからない動物が存在することから、この表現が生まれたそうです。

会話で使ってみよう

A : His handwriting is like chicken scratch.
　I can't make heads or tails of it.

　（彼の手書きの文字はニワトリの足跡みたいで、全くチンプンカンプンだね）

B : Your handwriting is also difficult to read.

　（キミの文字だって、読みにくいよ）

★英米では、順番や勝負を決めるのに親指でコインを弾き上げて、相手に **Heads or tails?**（コインの表か裏か？）と尋ねます。大統領などの頭像が刻印されている面を **head**（頭）、いないほうが **tail**（尻尾）です。

「自分のかかとを冷やす」ってどういう意味？

cool one's heels

待ちぼうけを食う

この **one's heels** はヒトのかかとではなく、**one's horse's heels**、つまり「自分の馬の蹄」のことでした。かつて馬が移動手段だった時代、長距離を歩くと馬の蹄が熱くなるので、冷やす必要があったのです。

つまり、本来は「歩いて熱くなった（馬の）足を休めて冷ます」ことを意味し、冷やすのに時間がかかることから「待ちぼうけを食う、待ちくたびれる」を意味するようになりました。

今日では、皮肉で使われることが多いようです。

会話で使ってみよう

A : What are you doing here?

（ここで何してるの？）

B : My girlfriend kept me cooling my heels here for more than fifteen minutes.

（15分以上もガールフレンドに待たされてるんだよ）

A : I have no idea why. I hope she will show up soon.

（なぜ来ないのかわからないけど、すぐ来るといいね）

「人の足を引っぱる」って、そのままでは？

pull someone's leg

冷やかす

pull someone's leg は、直訳では「人の足を引っぱる」で、そのまま日本の諺になっています。そのため、他人が調子よく事を進めているのを妨げるという意味で使うのだろうと考えがちですが、このフレーズはそういう意味ではありません。

実は「冷やかす、一杯食わせる」ことを意味します。ただし、このフレーズが生まれるに至った経緯はよくわかっていません。

会話で使ってみよう

A : I went out with Susan last night.

（夕べ、スーザンとデートしたよ）

B : Come on! You're pulling my leg, aren't you? She is my ex-girlfriend.

（よせよ、俺をからかってるんだろ？　彼女、俺の元カノだよ）

★ **Come on!** はいろいろな意味を持ちます。一般には命令形で「さあ来い、早く早く、お願いだから」ですが、「頑張れ」や「いいかげんにしてよ、放してくれ」などの意味もあるので、文脈と相手に注意が必要です。

「自分の最後の脚の上にいる」とは？

be on one's last legs

ネイティブはこう使う

瀕死の状態である

be on one's last legs の直訳は「自分の最後の脚の上にいる」ですが、意味がはっきりしませんね。これは、長距離を歩いたので疲れ果て、「これ以上は脚が上がらない」状態をたとえたものです。

実際は「瀕死の状態である、（物事が）つぶれかかっている」ことを意味し、人間以外の「動物、物」の場合は、one's の代わりに its が使われます。

会話で使ってみよう

A : Your favorite old car is on its last legs.
　　（キミのお気に入りの古い車はダウン寸前だね）

B : Yeah. So, I will buy a new one next month.
　　（そうなの。だから来月、新車を買うつもりよ）

★ favorite は、一般に「お気に入りの」と和訳されますが、実は「最もお気に入りの、一番好きな」が近い表現です。つまり favorite には「最も」というニュアンスがあるので、most favorite とは言えません。ただし、「最も嫌いな」は least を使って least favorite と表現できます。

「自分の口を見ろ！」とは、つまり…？

Watch your mouth!

言葉づかいを慎重に！

Watch your mouth! は、乱暴な口をきいた人や、その場に相応しくない表現を使った人を窘めるときに使われます。「言葉づかいを慎重に！」「口の利き方に気をつけろ！」という意味です。

このフレーズは、アメリカの青春映画『ブレックファスト・クラブ』(1985) やイギリスのラブロマンス映画『プライドと偏見』(2005) などに登場します。

筆者もアメリカ留学中、ホストファミリーの高校生の息子が乱暴な口をきいて、母親に **Watch your mouth!** と窘められていたのを覚えていますし、ほかの場面でもこのフレーズを幾度となく耳にしています。

Watch your tongue! や **Watch your language!** も同じ意味です。

A : Don't say that to your father, Bill.
  Watch your mouth!

（ビル、お父さんにそんなこと言っちゃダメよ。口を慎みなさい！）

B : Yeah, I know.

（うん、わかってるよ）

「自分の首を救う」って?

save one's (own) neck

自分だけ助かろうとする

形勢が不利になると無口になったり、席をはずしたりする人っていますよね。**save one's (own) neck** とは、まさにそういう人の心境です。

このフレーズは、絞首刑を逃れることから生まれたもので、ここで言う **neck** は「命」のこと。したがって、この言い回しは「自分だけ助かろうとする、自分の命を救う」という意味で使われます。

A : Paul never does anything to help others unless it's to <u>save his own neck</u>.

（ポールは自分が助かるのでなければ、他人のためには何もしないよ）

B : A proverb says: Kindness brings kindness in response.

（「情けは人のためならず」って、諺があるよね）

★ unless は「〜でない限り」という意味。**I'll take a walk unless it rains.**（雨が降らない限り散歩に出かけるよ）では、「主節」（= **I'll take a walk**）が強調されます。

jump out of one's skin

飛び上がらんばかりに驚く

　ちょっとしたショックで、ビクッとするのを通り越して「飛び上がらんばかりに驚く」人がいますね。このようなときによく使われるのが、**jump out of one's skin** です。

　jump の前に **almost** や **nearly** を置いて「驚いてほとんど飛び上がりそうになる」という感じで使うこともあります。

A：When Liz unexpectedly patted me on the shoulder in the library, I nearly jumped out of my skin.

　（図書館でリズが不意に私の肩をたたいたときは、驚いて飛び上がりそうになったわ）

B：Well, it happens sometimes.

　（そういうことって、あるよね）

★ **pat someone on the shoulder** で「人の肩をたたく」という意味です。**pat** という動詞は「接触動詞」と呼ばれ、動作主（主語）が影響を与えたのは、「肩」ではなく、目的語の **someone** です。

feel a lump in one's throat

胸に熱いものがこみ上げてくる

　悲しみや切なさで胸がいっぱいになって「グッとくる」ことがありますね。グッとくると言葉がうまく出てこなくなります。また何かで感情が昂ぶって、うまく表現できないこともあります。

　feel a lump in one's throat はそのような状態を表した言葉で、「喉に塊がある」が直訳ですが、実際には何もないのに、本当に喉に塊がつかえている感じがすることがあります。

　何かに感動・感激したときや強く同情心をそそられて「胸に熱いものがこみ上げてくる」というとき、ぜひ使ってみてください。**feel** の代わりに **get** や **have** でも大丈夫です。

A : Getting old, I feel a lump in my throat whenever I see a moving scene on TV.

　　（年を取ると、テレビで感動的な場面を見るたびに胸に熱いものがこみ上げてくるわ）

B : So do I. We had never done so when we were young.

　　（私もよ。若いときはそんなことなかったのにね）

turn one's thumbs up

賛成する

指を使ってコミュニケーションを図ることがあります。親指を上に向けて立てる動作は、日本や英語圏では賛成したり、了解したりすることを伝えるのに用いられます。

これは、古代ローマの円形闘技場で、皇帝が負けた闘士に向けて親指を立てると「生かせ」、伏せると「殺せ」を意味したことに由来するそうです。

turn one's thumbs up というフレーズも同様に「賛成する、同意する」ことを意味します。ただし、このサイン、中東、西アフリカ、南アメリカ（ブラジルを除く）では侮蔑の表現になるので、使用には注意が必要です。

A : You look happy. Something good?
（嬉しそうね。何かいいことあったの？）

B : My parents turned their thumbs up on my studying in the U.S.
（両親が私のアメリカ留学に賛成してくれたの）

★英語では、**beautiful flowers** のように形容詞は修飾する対象の前に置かれます。ただし **something**、**anything** など **- thing** が修飾の対象なら、形容詞はその後にきます。

「親指で〜を押さえつけている」とは?

have ~ under one's thumb

ネイティブはこう使う

〜を意のままにする

under one's thumb というフレーズは「言いなりになって、あごで使われて」という意味。親指がほかの指よりも強いことから生まれた表現です。

これを使った **have ~ under one's thumb** は「〜を意のままにする、〜をあごで使う」を意味します。主として、相手に対して強い影響力を持つ表現ですが、一般に相手の弱みを握っている場合に使われます。

会話で使ってみよう

A : I have Eugene under my thumb, because I know about his love affairs.

（ユージンは僕の意のままだよ。なぜかって、僕は彼の浮気を知ってるからさ）

B : Did he cheat on his wife?

（彼、奥さんを裏切ったの?）

★ **cheat on** は「不正をする、詐欺を働く」ですが、**cheat on someone** で「(someone に隠れて) 浮気する」を意味します。

everybody and his brother

ネイティブはこう使う

猫も杓子も

　日本語には「猫も杓子も」という表現がありますね。「誰もかれも」という意味ですが、なぜ「猫も杓子も」と言うのでしょうか？

　玄侑宗久著『釈迦に説法』によると、猫は「神道の信者」で禰子と書き、杓子は「仏教徒」のことで釈子と書くのが正しいそうです。つまり、現実の猫でも杓子でもなく、音が似ている当て字だったのです。

　「誰もかれも」は英語で **everybody and his brother** と表現します。似たフレーズには、**every Tom, Dick and Harry** もあります。**Tom** も **Dick** も **Harry** も、ごくありふれた男の子の名前を並べただけで、深い意味はありません。この表現は女性にも使われます。

会話で使ってみよう

A : Lately, everybody and his brother have a Smart phone, don't they?

（最近は猫も杓子もスマホを持ってるね）

B : No, not my grandpa.

（いいや、僕のおじいちゃんは持ってないよ）

be tied to one's mother's apron strings

ネイティブはこう使う

母親に頼りきっている、マザコンである

かつて、日本はもちろん英米でも、多くの家庭では父親は外で働き、母親は家で家事や育児をするのが一般的でした。当然、子どもは父親ではなく、母親を頼りにするようになります。

当時、母親は家の中ではエプロンをして家事をするのが当たり前でした。そのため、子ども（特に男の子）が母親に頼りきっていることを、英語で **be tied to one's mother's apron strings** と表現します。もちろん、いつまでも母親離れのできない男性を皮肉って表現したものです。

会話で使ってみよう

A : Do you know Pamela married a man who is tied to his mother's apron strings?
（パメラがマザコン男と結婚したの、知ってる？）

B : Yes, she may have a hard life.
（ええ、彼女、苦労するかもね）

★ **hard life** は「つらい生活」の意味。ちなみに「男はつらいよ」は、**Life is hard on a man.** と言います。

be tied to one's wife's apron strings

ネイティブはこう使う

女房の尻に敷かれている

　妻の言いなりになっている夫を指して「奥さんの尻に敷かれている」と言いますね。英語では **be tied to one's wife's apron strings** と言います。

　妻のエプロンのひもにつながれているので、自由がなく、結局言いなりになることから生まれた言い回しで、「夫が女房の尻に敷かれている」ことを意味します。つまり、恐妻家やかかあ天下のことです。

　「女房の尻に敷かれている亭主」を意味する表現には、ほかに **a henpecked husband**（雌鶏につつかれた夫）もあります。

会話で使ってみよう

A : Robert has been tied to his wife's apron strings since he got married.

（ロバートは結婚してからずっと、奥さんの尻に敷かれてるのよ）

B : Oh, poor Robert.

（あら、かわいそうなロバート）

(as) busy as a beaver

ネイティブはこう使う

とても忙しい

　beaver は、歯で木をかじり倒し、小石を運んでダムを造るために常に動き回る「働き者の動物」として有名です。「せわしなく働く」を連想させることから、**(as) busy as a beaver**（とても忙しい）という表現が生まれました。このフレーズでは、**busy** と **beaver** が韻を踏んでいるのもポイントです。

　beaver を使った表現には、**an eager beaver**（張り切り屋、がんばり屋、仕事の虫）もあります。このフレーズでも、**beaver** と **eager**（熱心な）とが語呂合わせになっていますね。「何でも引き受けて一心不乱に努力する人」を意味します。

会話で使ってみよう

A : Randy seems to be as busy as a beaver.
　（ランディはとても忙しそうね）

B : Yes, but he says he will take a day off tomorrow.
　（ええ。でも、明日は休暇を取るそうよ）

★ **take a day off** は「（1日）休みを取る」で、「1週間休みを取る」は **I will take one week vacation.** です。

「人の耳に虫を入れる」ってどういうこと?

put a bug in someone's ear

ヒントや情報を人の耳に入れる

　誰よりも早く、役に立つ情報やヒントを与えてくれる人はありがたい存在。皆さんの周りにもいるのでは?

　put a bug in someone's ear は、新しくて役に立つ情報などを人に知らせる、あるいは人に聞いてもらうことを、「虫が耳に飛び込むとじっとしていられない」ことにたとえたものです。

　通常、伝えた情報に沿って相手に何らかの行動を起こしてもらいたいという願いが込められています。「ヒントや情報を人の耳に入れる、役に立つ情報や考えなどを知らせる・教える」という意味です。

A : How did you know I dated Susan last week?

　(先週スーザンとデートしたこと、どうしてわかったの?)

B : Her mother put a bug in my ear.

　(彼女のお母さんが教えてくれたんだよ)

★動詞の **date** は「デートする、会う約束をする」ですが、名詞では「日付、年月日、面会・会合の約束、デートの相手」などを意味します。

「雄鶏と雄牛の話」って何の話？

a cock-and-bull story

ネイティブはこう使う

ばかばかしい作り話

cock（雄鶏）は、太陽が昇るのは自分が時を告げるからだと考えているほど自惚れが強く、威張っているとイメージされました。一方、bull（雄牛）は、頑固で荒々しいイメージの動物です。

英語の a cock-and-bull story は、威張っている cock と頑固な bull が登場する寓話がもとになっているそうです。このフレーズは、これら2種類の動物を合わせて、嘘をついてまでも自分たちが一番偉く、強い存在であることを見せつけようと、話を大きくするために使われるようになりました。「ばかばかしい作り話」という意味です。

会話で使ってみよう

A：Steve and Kathy have got divorced.
（スティーブとキャシーが離婚したよ）

B：How can you expect me to believe such a cock-and-bull story?
（そんなばかばかしい話、どうして信じろって言うの？）

★ get divorced は「離婚する」。expect には「期待する」のほか、「見込む、予測する」の意味もあります。

wave a red rag at a bull

ネイティブはこう使う

挑発的な言動をする

　スペインの闘牛では、闘牛士が闘牛（雄牛）を怒らせるために赤い布きれを振り回しますね。これは英語で**wave a red rag at a bull**（直訳で「雄牛に赤い布を振る」）と表現され、「挑発的な言動をする」を意味します。

　red rag は「（人を）カンカンに怒らせるもの、挑発するもの」という意味。牛は肉食動物から身を守るため、見慣れないものや動くものに反応し警戒します。その習性から、ヒラリと動く布に突進しているだけで、布は何色でもかまいません。

　それにもかかわらず、闘牛で赤い色の布が使われるのは、その色に「血」や「危険なもの」をイメージする人間のほうを興奮させるためといわれています。

会話で使ってみよう

A : Mark waved a red rag at a bull today, didn't he?
　（マークは今日、挑発的な行動をとったね？）

B : What's wrong with him?
　（いったいどうしたんだろ？）

★ **What's wrong with ~?** は、相手の態度・状態がいつもと明らかに違うときに「どうしたの？」と聞く表現です。

until the cows come home

ネイティブはこう使う

いつまでも

cow（雌牛）は重要な家畜で、かつては「豊かさの象徴」とされていました。自然のリズムが時計代わりであった中世、朝はニワトリの鳴き声が起床の合図で、夕方は牛が群れをなして牧場から戻ってくるときが帰宅の合図でした。

しかし、牛は例によって、のろのろと歩み、牛乳を搾る時間になっても戻ってきません。until the cows come home は、この牛ののろい動きから生まれたもので、「いつまでも」を意味します。また、「待ってもムダ」というニュアンスが含まれています。

ちなみに、not until the cows come home と not を付けると「間もなく」という意味です。

会話で使ってみよう

A：Hasn't Craig shown up yet?

（クレイグはまだ来ないの？）

B：No, not yet. But don't wait for him.
  You'll be here until the cows come home.

（はい、まだです。でも、彼なら待ってもムダよ。彼が来るのを待ってたら、日が暮れちゃうわ）

(as) sick as a dog

ネイティブはこう使う

ひどく体の具合が悪い

特に暑い日に、犬が舌を出してハアハアしているのを見たことがあると思います。**(as) sick as a dog** というフレーズは、「犬」がいつも舌を出して苦しそうにしていることから生まれたものです。

西欧では、犬は「人間にとって最良の友」(**human's best friend**)といわれ、ペットとして最も親しまれている動物。したがって、犬が変なものを食べて具合を悪くすると、飼い主はすぐに気がつきます。

(as) sick as a dog は、体の調子が悪くて苦しいことを、犬が病気であることにたとえたものです。「(病気ではないが)ひどく体の具合が悪い、ひどい吐き気がする、重病で」という意味で使われます。

会話で使ってみよう

A : Did you get over the flu?

(インフルエンザ、治った?)

B : Yes, but the flu I had this time was really bad. I felt as sick as a dog.

(ええ、でも今回のは本当にひどくて、体調がすごく悪かったわ)

「犬のところへ行く」って何のことだか…

go to the dogs

落ちぶれる

go to the dogs の直訳は「犬のところへ行く」ですが、何をしに行くのか？ これは、古くなったり腐ったりした物を犬にくれてやるためです。

つまり、「犬にくれてやる、犬の餌にする」がこの表現の原意なのです。前項の説明と反するようですが、昔、犬は下等で醜く、惨めな動物であると考えられていたので、**go to the dogs** は隆盛を誇っていた国や組織などが次第に没落していくこと、つまり「落ちぶれる」を意味しました。

しかし、今日では道徳的退廃について使われ、自ら堕落するニュアンスがあります。よって、暴飲・暴食の結果の「健康の悪化」など悪い結末についても使われます。

会話で使ってみよう

A : I heard that Randy is a very successful business person.

（ランディはやり手のビジネスマンですってね）

B : Well, he was. But, he gambled away all his fortune, and he went to the dogs.

（うん、そうだったんだけど、ギャンブルで財産を全部すっちゃって、身を滅ぼしたよ）

「犬の生活」ってどんな生活?

a dog's life

惨（みじ）めな生活

今日、ペットとして飼われている犬から見れば、「自由がない」のはまさしく「惨めな生活」なのかもしれません。**a dog's life** は「惨めな生活」ですが、**lead a dog's life** といえば「惨めな暮らしをする、苦労の多い人生を送る」を意味します。

lead には「先導する」のほか、「(ある種の人生を) 過ごす・送る」という意味もあります。**lead** の代わりに **live** を使っても同じことです。

ちなみに、反対の「幸せな生活をする」は **lead a happy life** と表現します。

A：How was your army life, grandpa?

（おじいちゃん、陸軍ではどんな生活だったの？）

B：I led a dog's life then.

（当時は惨めな生活だったよ）

★「軍隊」は一般に **armed forces** です。英語では、「陸軍」を **army**、「海軍」を **navy**、「空軍」を **air force** と表現します。

★ **led** は **lead** の過去形です。

be duck soup

いとも簡単である

duck といえば「アヒル」ですが、ここでは「野生に生息している鴨」を意味します。したがって、直訳は「鴨のスープ」となります。

鴨南蛮や鴨鍋など、日本には鴨を使った料理がありますが、海外では狩りが盛んなこともあり、日本以上に鴨を使った料理も少なくありません。

この表現は「いとも簡単である」という意味なのですが、duck soup がなぜこういう意味になるかは不明です。鴨猟がポピュラーなスポーツなので duck が手に入りやすいからと考えられますが……。

A : How was the math test?

（数学のテストはどうだった？）

B : The test this time was duck soup.

（今回のは楽勝だったよ）

★ math は「数学」です。教科にはほかに、science（理科）、social studies（社会科）、history（歴史）、chemistry（化学）、biology（物理学）、geology（地理学）、physical education（体育）などがあります。

「ほかに油で揚げるべき魚がある」とは?

have other fish to fry

ほかにやるべきことがある

やるべきことがたくさんあるとき、何を先に行うべきかは思案のしどころです。**have other fish to fry** というフレーズは、まさにこういう状況を表します。しかし、残念ながら、このフレーズの出所はわかりません。

あることよりも、ほかのことのほうが魅力的だったり重要だったりして、そちらを先にやるべきだと考えているときの表現です。仕事に限らず趣味や遊びについても使われ、「ほかにやるべきことがある」という意味です。

会話で使ってみよう

A : Professor Moore, I have something to ask you.

（ムーア先生、ちょっとお伺いしたいことがあります）

B : Sorry, I don't have time now. I <u>have other fish to fry.</u> How about tomorrow afternoon?

（申し訳ないけど、今は時間がなくて。ほかにやるべきことがあるのでね。明日の午後はどうだろ？）

A : Thank you. I will come tomorrow at two.

（ありがとうございます。明日午後2時に伺います）

「馬をおさえておいて」ってどういうこと?

Hold your horses.

ネイティブはこう使う

落ち着いて。ちょっと待って。

走っている馬のスピードを落としたり止めたりするときは、手綱を引き寄せます。そのことを、英語で **hold one's horses** と言います。この表現は、19世紀のアメリカで、馬車をあまりにも速く走らせる御者(ぎょしゃ)に対して使われたのが起源とされています。

「(急がずに・あわてずに)待つ、我慢する、ペースを落とす」ことを意味し、通常、**Hold your horses.**(落ち着いて。ちょっと待って)と命令形で使われます。また、**one's** の代わりに **the** が使われることもあります。

会話で使ってみよう

A : Hold your horses. I can't catch up with you.

(ちょっと待ってよ。追いつけないわ)

B : Oh, I'm sorry. I'll slow down a little.

(あら、ごめんなさい。少しスピードを落とすわね)

★ **catch up with ~** は「~に追いつく」で、**slow down** は「(スピードやペースを)落とす」です。

「死んだ馬をムチ打つ」とどうなる?

flog a dead horse

無駄骨を折る

　ご存じのように、馬の特徴は元気がいいことです。競走馬や農耕馬を見ると、なおさらそう思えますね。しかし、働かせようとしたり競走させたりしようとしても、死んだ馬ではいかにムチを当てても意味がありません。

　flog a dead horse という表現は、死んだ馬にムチを当ててもムダであることから生まれたものです。「無駄骨を折る、済んだことを蒸し返す」という意味で使われます。

会話で使ってみよう

A : I really want to go out with Kathy.

　（僕は、本当にキャシーとデートしたいんだよ）

B : Don't flog a dead horse. It's no use asking her for a date.

　（ムダなことはよせよ。彼女にはいくらデートを申し込んでもムダだよ）

★ **no use** は「役に立たない、ムダな」ですが、**It is no use -ing** は「〜してもムダである」です。この **It** は仮主語で、真主語は **-ing** なので「-ing はムダである」と考えるとわかりやすいでしょう。会話でよく使われる表現です。

「オウムのように病気で」ってどういうこと？

(as) sick as a parrot

ネイティブはこう使う

がっかりして

　オウムという鳥は、頭に「冠羽」と呼ばれるツンと立った羽毛があります。これが大きな特徴ですが、体長は種類によって異なります。30cm〜50cmほどで、同じオウム科のインコと比較すると大きめのカラダをしていて、羽の色も白やグレーが多く、インコほどカラフルではありません。

　このようなオウムは、西洋では「饒舌、どん欲の象徴」とされています。**(as) sick as a parrot** で「がっかりして、非常に残念な、悔しい」を意味しますが、残念ながら、このフレーズが生まれた背景は不明です。

会話で使ってみよう

A : Why were you as sick as a parrot?
（なぜがっかりしてるの？）

B : To tell you the truth, we were heavily defeated by the boy's team.
（実を言うと、少年チームにコテンパンに負けたんだよ）

★「（試合・ゲームなどに）負ける」には、**be defeated** のほか、**be beaten**、**lose** もあります。

set the cat among the pigeons

ネイティブはこう使う

面倒な事態を招く

英語の **set the cat among the pigeons** は、ハトの群れの中に猫を投げ入れると、ハトがパニックになり、バタバタと逃げ出して面倒になることから生まれた表現です。

秘密にしておくべき事柄をばらしたり、言ってはいけないことを口にしたりして、「面倒な事態を招く、混乱を引き起こす」ことを意味します。**set** の代わりに **put** が使われることもあります。

会話で使ってみよう

A: What are you talking about?
（何を話してるの？）

B: My brother's statement that his father was different from mine set the cat among the pigeons.
（兄が、自分の父と僕の父とは別だと言ったので、騒動になったんだよ）

★ **be different from ～** で「～と異なる」です。**Our new section chief is so different from the last one.**（今度の課長は、前の課長とはえらい違いだね）などと使います。

「ネズミの臭いがする」ってどんな臭い?

smell a rat

怪しい(と感じる)

rat は「卑劣・悪だくみの象徴」とされています。rat には、mouse より体が大きく、臭く、かつ汚くて病気をまき散らすというイメージがあります。

smell a rat は、嗅覚のすぐれた猫がネズミの気配(臭い)に気づき、神経を張り詰めてあたりを窺いながらネズミの居所を嗅ぎつける様子から生まれた表現です。

誰かのたくらみに気づいたり、「不法行為」などを嗅ぎつけたりするときに、「怪しい(と感じる)、不審に思う」といった意味で使われます。

会話で使ってみよう

A : By listening to what he said, I smell a rat.

(彼の言うことを聞いていて、何か怪しいと感じるわ)

B : So do I.

(私もそう感じるの)

★ **So do I.** は「私もそうだよ」を意味します(35 ページも参照)。主語と動詞の位置に注意してください。相手が使った動詞(be-動詞、一般動詞、助動詞)によって、表現が異なります。

quit (something) cold turkey

ネイティブはこう使う

悪習をピタッとやめる

cold turkey は、俗語で「（麻薬・タバコを急にやめたときの）禁断症状」という意味。**quit (something) cold turkey** は、麻薬依存症患者が麻薬を急にやめるとひどい禁断症状をおこして、その肌が料理用に羽毛をむしられ、冷蔵庫で冷やされた七面鳥に似ていることが由来です。「悪習をピタッとやめる、（麻薬・タバコ・酒などを）急にやめる」という意味のフレーズです。

筆者の知人にも、長年吸っていたタバコを急にピタッとやめて、ひどい禁断症状に悩まされた人がいますが、やはり「鳥肌」状態になったそうです。

会話で使ってみよう

A : My husband finally quit smoking cold turkey after many years.

（夫はついに、長年吸っていたタバコをピタッとやめたわ）

B : Why? Did he take doctor's orders?

（なぜ？ ドクター・ストップでもかかったの？）

★ **doctor's orders**（医師の命令）は、常に複数形で用います。これに似た **doctor stop** は和製英語なので、ネイティブには通じません。

「バラの寝床」とは美しいが…

bed of roses

快適な生活

bed of roses という表現は「バラを敷きつめた寝床」を意味します。それは美しく甘い香りを放つことから、一般には「(仕事や境遇などで) 快適な生活」の意味で使われます。

ただし、バラには棘があり、寝床に敷きつめると痛くて逆に寝心地が悪いためか、通例、**Life is no bed of roses.** (人生は決して楽ではない) のように否定文で使われます。

なお、「居心地の悪い状況」は **bed of thorns** と言います。**thorns** は「いばら」のことです。

会話で使ってみよう

A : Any job is no <u>bed of roses</u>. There's always something you don't like about it.

(どんな仕事だって楽なものはないよ。いつも何かしら気に入らないところがあるからね)

B : You mean, you have had a hard time in your life?

(つまり、今までに何か苦しい目に遭ったことがあるということ?)

a black eye

ネイティブはこう使う

目の周りの黒いアザ

a black eye の直訳は「黒い目」ですが、「黒い瞳」ではありません。日本語の「黒い瞳」は、英語では **dark eyes** と言います。

人間の目、髪、皮膚などの「黒い」は **dark** で表記されます。ただし、パスポートや免許証などでは、多くの日本人の目の色は **brown** と表記されるので、覚えておきましょう。

さて、**a black eye** は「(殴られたりして) 周りが黒くなった目、目の周りの黒いアザ」という意味になります。また、**give someone a black eye**(直訳は「目にアザができるほど人を殴る」)は、「評判を悪くする」ことを表します。

会話で使ってみよう

A : The bully gave my son a black eye today.

(今日、うちの息子、いじめっ子に殴られて、目の周りに黒いアザができたの)

B : Is he all right?

(お坊ちゃん、大丈夫?)

★ **bully** は「いじめっ子、がき大将」です。

(as) brown as a berry

ネイティブはこう使う

真っ黒に日焼けした

　英語には、**(as) brown as a berry**（ベリーのように茶色で）という表現があります。この **berry** は「いちご類のベリー」ではなく、一般に **beans** と呼ばれる「（ココアやコーヒーなどの）豆・実」の別称です。

　この表現は、これらの豆が「焦げ茶色」をしていることから生まれたものです。「真っ黒に日焼けした」ときにのみ使われる表現で、生まれつき肌の黒い人には使われません。特に、若い女性や子どもについて使われ、「かわいらしい」というニュアンスが含まれています。

会話で使ってみよう

A : What did you do during your summer vacation?

（夏休みはどうしたの？）

B : We swam at *Enoshima* Beach, and our children got as brown as berries.

（江ノ島海岸へ泳ぎに行ったの。子どもたちは真っ黒に日焼けしたわ）

★「日焼けする」は、日常会話では **tan** がよく使われます。小麦色の健康的な日焼けを指します。

「パーティの命」って何のこと?

the life of the party

パーティの主役

飲み会やコンパなどで、「場の盛り上げ役」の人っていますよね。エネルギッシュに生き生きと動き回って、必要以上に（?）気を配り、世話を焼き、場を楽しくさせてくれる人のことです。

英語では、こういう人のことを **the life of the party**（パーティの命）と呼びます。「パーティの主役、場を盛り上げる人、人気者、座を楽しませる人」を表します。「活気の源」という意味もあります。

イギリス英語では、**the life and the soul of the party** と **and the soul**（と魂）を付けます。

会話で使ってみよう

A : Melissa was the life of the party last night.
（メリッサは昨夜のパーティの華だったね）

B : Yes. Her dress was so beautiful.
（そうね。彼女のドレス、とっても綺麗だったからね）

★ **beautiful** は「美しい」を表す一般的な語で、調和のとれた美しさを表します。**good-looking** は「容姿の良さ」を強調し、**pretty** は「かわいらしさ」を強調する語です。

「(～の)赤い肉」ってそのまま赤身の肉じゃないの？

the red meat (of something)

最も重要な部分

　赤身の肉、白身の肉など、肉（**meat**）にもいろいろな種類があります。英語には **red meat**（赤い肉）という表現があり、ニワトリの胸肉など色の薄い肉（**white meat**）に対して、牛肉やマトンなど赤身の濃い肉を指します。日本人が好む「霜降り肉」も、英語では **red meat** です。

　したがって、**the red meat (of something)** は「最も重要な部分」を表し、具体的には「（スポーツ・映画などで）最も興奮する部分、物の本質」と訳されます。

会話で使ってみよう

A：Here is <u>the red meat of this movie</u>.
　（ここが、この映画の一番いいところだよ）

B：Let's try to see it again.
　（もう一度観てみようよ）

★以下に、英語での肉の呼び名を挙げておきます。
cow → beef（牛肉）／**calf → veal**（仔牛肉）／**pig → pork**（豚肉）／**deer → venison**（鹿肉）／**sheep → mutton**（羊肉）／**lamb → lamb**（仔羊肉）／**chicken → chicken**（鶏肉）

「街を赤く塗る」とは物騒だが…?

paint the town red

大いに飲み歩く

　paint the town red（街を赤く塗る）とは穏やかではありませんね。この表現には二つの由来説があります。

　一つは、アメリカ先住民（**Native American**）が西部の町に火をつけて焼いたので、街が赤くなったからとされる説。もう一つは、牛を追うカウボーイたちが数か月ぶりに街へ出て、**red-light district**（赤線街）へ繰り出してバカ騒ぎをしたから、という説です。

「大いに飲み歩く」という意味で使われます。

A：Last night, I met my high school buddy, and we painted the town red.
　（昨夜は高校時代の友達に会って、街へ繰り出して大いに飲んだよ）

B：Haven't you got a hangover?
　（二日酔いしてない？）

A：No, I feel good.
　（いいや、気分はいいよ）

★ **buddy** は「仲間、相棒」ですが、「おい、キミ」など男性や男の子への呼びかけでも使われます。

「他人の手を銀と交差させる」って？

cross someone's hand with silver

ネイティブはこう使う

賄賂（わいろ）としてそっとおカネを手渡す

小咄（こばなし）を一つ。ある男が女占い師の前に座った。占い師が「見料は質問二つで5000円だよ」と言うので、男が「質問二つで5000円とは高くないかね？」と問うと、占い師は「質問できるのは、あと一つだよ」――。

筆者は運勢を見てもらったことがないので、代金をどのように払うのかわかりませんが、英語には **cross someone's hand with silver** という表現があります。

このフレーズは、占い師に運勢を見てもらうとき、客は銀貨の端で十字を描いてその銀貨を手渡す（**cross fortune-teller's hand with silver**）のですが、これがもとになっているそうです。「賄賂としてそっとおカネを手渡す」という意味で使われます。

会話で使ってみよう

A: The guy will tell us more, if we cross his hand with silver.

（彼にカネを握らせると、もっといろいろなことをしゃべるよ）

B: Are you sure?

（本当？）

そのまま「バスの運転手の休日」じゃないの？

a busman's holiday

普通の日と同じ

a busman's holiday というフレーズは、バスの運転手は休日でもマイカーを運転していることが由来です。乗り合い馬車の時代、馬を引いていた御者（ぎょしゃ）が、馬のことが心配で、休日でも乗客として見守っていたことから生まれた表現ともされています。

「普通の日と同じ、本職と同じことをして過ごす休日、名前だけの休日」という意味で使われます。

会話で使ってみよう

A : My husband, a high school teacher, has to go to school to teach on Sundays just before the entrance exams. It's quite <u>a busman's holiday</u>.

（高校教師の夫は、入試が近づくと日曜でも学校へ出なきゃならないの。まるで普通の日と同じよ）

B : Tell him not work too hard.

（無理しないように、ご主人に伝えて）

★ **not work too hard** は **not** を **Don't** に変えて **Don't work too hard.**（あまり頑張りすぎないように）とも言います。

「人を地上に戻す」とは？

bring someone down to earth

人を夢から現実に戻す

bring someone down to earth の直訳は「人を地上に戻す」。「（鳥のように空を飛んでウキウキしている状態から）現実に戻す」という発想から生まれています。

down to earth は「地に足の着いた」ですが、「現実的な、堅実な、分別のある」という意味で使われます。したがって、**bring someone down to earth** は「人を夢から現実に戻す」ことを意味します。

A: I had a great time in Hawaii, but soon after I came back, the daily routine brought me down to earth again.

（ハワイは楽しかったけど、帰国してすぐ、毎日の日課で再び現実の世界に引き戻されてしまったよ）

B: I know how you feel.

（わかるわ）

★ **bring** は「話し手や聞き手のところへ物を持って来る・行く、人を連れて来る・行く」です。混同しやすい **take** は「話し手や聞き手とは別のところへ物を持って行く・人を連れて行く」ことを意味します。

そのまま「月の光」じゃないの?

moonlight

(夜間の)副業をする

　最近、日本の公務員も、許可を得れば「公益的活動」に限って副業ができるようになりましたね。英語の**moonlight**には「月の光」とともに「(夜間の)副業をする」という意味もあります。

　日が出ている昼間の仕事のほかに、「月が輝いている間にもう一つの仕事をする」ということです。昔は電気がなく、夜間に月明かりで仕事をすることが多かったことから生まれた言葉です。

　ちなみに、「アルバイトをする」は **work part-time** とか **have a part-time job** と表現します。「アルバイト」はドイツ語の **arbeit** が由来なので、英語としては通じません。

会話で使ってみよう

A : My brother tried moonlighting, but he quit two weeks later.

　(弟は副業をやっていたけど、2週間でやめたよ)

B : It is hard to have two jobs at the same time.

　(同時に二つの仕事はきついからね)

124

「月を約束する」ってどういうこと？

promise the moon

空約束をする

　月は美しいけれど、月を手に入れることはできませんね。英語の **promise the moon** というフレーズは、「月を買ってやる」という約束はできないことから、「空約束をする、不可能なことを約束する」ことを意味します。

　イギリスやオーストラリアでは **the moon** の代わりに **the earth** も使われます。

A : He promised me the moon, a big diamond ring, and a house. But I found out he was deeply in debt.

（彼は大きなダイヤの指輪や家を買う約束をしてくれたんです。でも、莫大な借金があることがわかったの）

B : Is that right?

（本当？）

★ **find** は「捜している人や物を見つける」ですが、**find out** は「（思考や観察などを通して）それまで知らなかった事実・連絡先などを明らかにする、〜を見つけだす」という意味です。

cross the river

ネイティブはこう使う

死ぬ

cross the river（死ぬ）という表現の **river** は、日本語でもお馴染みの「三途の川」のこと。 あの世とこの世が川で隔てられるという概念は、仏教だけではなく、ギリシア神話などにも見られる普遍的なもののようです。

仏教では、死者は三途の川を渡りますが、川の渡し賃が「六文」とされ、現在でも冥銭として死者の棺に一緒に納められますね。古代ギリシアでも、死者の口の中に渡し賃の銅貨を入れて弔いをする習慣がありました。

洋の東西を問わず、お金がないと三途の川を渡れないと考えると、なんだか切ないですね。

会話で使ってみよう

A : My grandpa <u>crossed the river</u> last month after being six months ill in bed.

（おじいちゃんは6か月間病に伏して、先週亡くなったの）

B : I'm sorry.

（ご愁傷様です）

★ **ill** は長期の病気のときに、**sick** は風邪など期間が短い病気に使います。

「海に出ている」ってどこの海？

be (all) at sea

途方に暮れている

　筆者は春になると、山菜採りに出かけます。ところが数年前、下を向いて夢中で山菜を採っていたら、方角がわからなくなり、同行した妻の姿も見えず、途方に暮れたことがあります。

　こうしたことは、実際の生活の中でもよくありますね。何か問題があり、解決しようと取り組んでいるのに、解決法が全く見つからないことが。

　英語には **be (all) at sea** という表現があります。大海に出ているので、どっちがどっちか、方角がわからないことを意味しますが、「途方に暮れている、五里霧中である、どうしてよいかわからない」というときに使われます。

会話で使ってみよう

A：As his daughter went wrong, Gregg is all at sea.

　（グレッグは、娘がぐれて途方に暮れてるよ）

B：OK. I will try to talk with him.

　（よし、彼と話し合ってみるよ）

★ **try to 〜** は「〜してみる、〜を試みる」です。

have stars in one's eyes

夢心地である

古代人は降るような星を眺めて、星が霊魂であり、運命の表れであり、知識への導きだと考えたそうです。澄んだ夜空にキラキラ光る星は綺麗ですが、神秘的でもありますね。

もっとも、スモッグで曇っていたり、夜間照明で夜空が照らされていたりする大都会では、輝く星を見るのは不可能ですが……。

have stars in one's eyes というフレーズは、想像することは現実よりもずっと楽しいという考えに基づいています。「夢心地である、夢想している、理想に胸をふくらませている」という意味で使われます。

A : Stop having stars in your eyes.
The reality is much more serious than you had imagined.

（理想に胸をふくらませるのはやめなさいよ。現実は想像したよりずっと厳しいからね）

B : But, I really want to be a Diet member for this country.

（でも、この国のために、本当に国会議員になりたいんだよ）

「天候の下で」ってどういうこと？

be under the weather

ネイティブはこう使う

体調が悪い

　どこかへ出かけるときは、前の日から、あるいは１週間以上も前から、天気予報が気になりますね。英語には **be under the weather** という表現があり、一般には「体調が悪い」という意味で使われます。

　このフレーズの由来には、いくつかの説があるようです。天候が悪く海が荒れると、船が激しく揺れて船員や乗客が「船酔いする」ことからとする説。また、船乗りが体調がすぐれないときに雨風など天気の影響を受けないデッキの下で休むようにしたからとする説もあります。

　いずれにしても、この **weather** は「悪天候」を指します。体調が悪いときに限らず、「気分が落ち込んでいる、不快で」という意味のほか、「酔っぱらって」という意味でも使われます。

会話で使ってみよう

A：I was under the weather all last week.
　（先週はずーっと体調が悪かったわ）

B：Did you go see a doctor?
　（お医者さんに診てもらったの？）

「一曲の歌のために」って？

for a song

ただ同然で

かつて日本にも、大衆食堂やバーなどの客のリクエストに応えてギター伴奏で歌を唄い、少額のチップ（**tip**）をもらう「流しの芸人」がいました。最近は多くの店にカラオケ装置があって、流しの芸人はほとんど見かけなくなりましたが。

ところで、彼らがもらっていたチップは「とても安かった」のです。**for a song** という表現は、チップが少額だったことが起源です。

ここから転じて、「ただ同然で」を意味します。いずれにしても、「安い」ことを誇張した表現です。

A : When did you get this piece of antique furniture?

（このアンティーク家具、いつ手に入れたの？）

B : My mother got it for a song many years ago.

（何年も前、母がただ同然で手に入れたの）

★ **antique**（骨董品）は、米国では厳密には 100 年以上前の物を指します。古くて価値があり、よく手入れされていて、目録に載っているようなアイテムのことです。

hit below the belt

汚い手を使う

　ご存じの方も多いと思いますが、ボクシングでは、ボクサーは相手のベルトの下（下腹部）を攻撃するのは反則とされています。したがって、**hit below the belt** はボクシングのルールに由来する表現です。

　今日では、スポーツのみならず、社会活動での不正な行動についても使われ、「汚い手を使う、不正（行為）を働く、卑劣なやり方で批判する」などの意味があります。

A : They say the politician actually took a bribe.
（あの政治家は賄賂を受け取ったそうだよ）

B : If it's true, that's hitting below the belt.
（それが事実なら、卑怯なことだね）

★ **bribe** は「賄賂」、**take a bribe** は「賄賂を受け取る」です。「賄賂をおくる、贈賄する」は **offer bribes** とか **give bribes** と表現します。なお **bribe** は、**The man bribed the police to ignore his crimes.**（あの男は犯罪を見逃してもらおうと警察に賄賂をおくった）のように「賄賂をおくる、賄賂を使う」という動詞でも使われます。

pass the hat

ネイティブはこう使う

少額の寄付を集める

　昔、余興や芝居のパフォーマンスが終わると、見物料として見物客からお金をもらうために、主催者や出演者が客に帽子を手渡しで回しました。**pass the hat** という表現は、これが由来です。

「少額の寄付を集める、お金を出し合う」という意味で使われます。なお、この表現は、見物料のみではなく、寄付金を集めるときにも使われます。

　また、お金を入れるものは帽子とは限らず、小さなザルや箱の場合もあります。今日のストリートパフォーマーがこれを受け継いでいると言えますね。

会話で使ってみよう

A : Let's pass the hat for Ms. Kelton's birthday present.

（ケルトン先生への誕生日プレゼントを買うために、みなでお金を出し合おうよ）

B : Sounds good. She is our favorite teacher.

（それはいいね。私たちのお気に入りの先生だからね）

★ **favorite** には、名詞で「本命馬」の意味もあります。

have a bone to pick

ネイティブはこう使う

ちょっと言いたいことがある

英語の **have a bone to pick** という表現は、1800年代頃から使用されているそうです。2匹の犬がいがみ合って、1本の骨を突っついている図を想像するとわかりやすいですね。

深刻な問題について「文句・不平を言う」のではなく、一般には軽い気持ちで使われます。また比喩的に **bone to pick** は、かなり時間のかかる議論や論争が予想されるテーマや問題を指すようになりました。

「ちょっと言いたいことがある、文句・不満がある、話（のケリ）をつけたい」という意味です。

会話で使ってみよう

A : I have a bone to pick with you.
　（あなたに、ちょっと言いたいことがあるわ）

B : What? What is it?
　（何だい？　何のことで？）

A : Have you forgotten what you said?
　（言ったこと忘れたの？）

★ **forget** は「忘れる」ですが、**forget to do** は「忘れて（〜）しない」という意味です。

open one's big mouth

ネイティブはこう使う

軽率な発言をする

open one's big mouth は、「軽率な発言をする、無分別に物を言う、生意気な口をきく」を意味します。**a big mouth** は比喩で「おしゃべり（な人）、大口をたたく人」なのですが、大きな口をしている人に「おしゃべり」のイメージがあることから生まれた表現です。

「おしゃべり（な人）」は、洋の東西を問わず、あまり好まれないようで、常にネガティブなイメージがつきまといます。

類似の表現に **have a big mouth** がありますが、これは「大口をたたく、軽率にしゃべる、秘密を守れない」という意味です。

会話で使ってみよう

A : Tell Mary not to <u>open her big mouth</u> in the meeting.

（メアリーに会議では軽率な発言をしないように言っておいて）

B : Sure, I will. But she is shy too.

（ええ、そうするわ。でも、彼女って恥ずかしがり屋でもあるのよ）

「赤い顔をしている」って、つまり…？

have a red face

ネイティブはこう使う

恥ずかしい思いをする

　筆者は若い頃、好意を寄せている人の近くにいると、「顔が赤く」なりました。純情だったのですね。

　ところが、こうした心理は洋の東西を問わないようで、英語でも **have a red face** と表現します。意味は「恥ずかしい思いをする、赤面する、当惑している」です。

　なお、この表現は、**He had a red face from sunburn.**（彼は日焼けで赤い顔をしていた）などと、「日焼けして顔が赤い」ときにも使われます。

会話で使ってみよう

A：I had a red face yesterday.
　（昨日、赤っ恥をかいちゃったよ）

B：Why?
　（どうして？）

A：I left my wallet home for the date.
　（デートなのに家に財布を忘れちゃって）

★ **leave**（**left** は過去形）は日本語の「忘れる」にも相当しますが、もとは「置いておく」でした。したがって「置き忘れる」という意味で使われます。

out of the blue

ネイティブはこう使う

思いもかけず

英語には **a bolt out of the blue** という表現があります。この **bolt** は「稲妻」、**blue** は **blue sky** のことです。今まで青空しか見えなかったところから、何の前触れもなく「何かがいきなり（出てくる）」というイメージで、日本語の「青天の霹靂」に相当します。

副詞句では **out of the blue** とか **out of the clear blue sky** という表現もあります。「思いもかけず、出し抜けに、ひょっこり」という意味です。**out of** の代わりに **from** が使われることもあります。

会話で使ってみよう

A：Suddenly I got an idea <u>out of the blue</u>.

（突然、いい考えを思いついたんだよ）

B：What was that?

（それって、何なの？）

★ **get an idea** は「アイディアを思いつく」です。似た表現の **have an idea** は「アイディアを持っている、いい考えがある」で、**hit on an idea** は「思いつく、思い浮かぶ」です。

Cry uncle!
参ったと言えよ！

「おじさんと叫べ」
って何だろう？

「チーズを切る」ってそのままでは？

cut the cheese

オナラをする

筆者が若い頃、研究員としてアメリカに滞在中、同僚やその家族を招いて、我が家でささやかなパーティを開いたことがあります。

パーティの途中で、妻が酒の肴に、**I'll cut the cheese.**（チーズを切ってきます）と言って、台所へ行きました。そのとき、その場にいた人たちがイヤーな顔をしました。筆者も当時は意味がわかりませんでしたが、**cut the cheese** という表現は、チーズを切ると出る独特の臭いが「オナラの臭い」にたとえられることを、後で知りました。**cut the cheese** は「オナラをする」を意味します。

妻はあのとき、**I'll slice the cheese thin.** とか **I'll cut the cheese with a knife.** と言うべきだったのです。

A : It stinks!
（くさっ！）
B : Who cut the cheese?
（オナラしたの誰？）

★ **stink** は「（悪臭が）臭う」。**smell** は「香りを放つ」を意味します。

「人をバナナにする」って、どういうこと？

drive someone bananas

人の頭をおかしくさせる

英語の **banana** に **-s** を付けて、**bananas** とすると、話し言葉で「気が狂った、熱狂した、夢中になって」を意味します。これは昔、大衆演劇に出ている３人のコメディアンの中で、オチ（**punch line**）を付けた１人にバナナが与えられたことに由来しているとされています。

ここから、**drive someone bananas** というフレーズが生まれ、「人の頭をおかしくさせる、人の気を狂わせる」という意味になったとされています。

会話で使ってみよう

A：Tom keeps saying that. He <u>drives me bananas.</u>

（トムはあのことを何度も言うから、僕は頭がおかしくなっちゃうよ）

B：No. If you ask me, I think he's nuts.

（いいや。俺に言わせれば、彼の頭のほうがおかしいんだよ）

★ **If you ask me,** は「私の意見では」です。

そのまま「ケーキを取る」ではないの？

take the cake

優勝する、ずば抜けている

take the cake の直訳は「ケーキを取る」ですが、これは昔、黒人のダンス・コンテストで一番になったらケーキをもらえたからだとか。ケーキが優勝賞品だったことから「優勝する、ずば抜けている」の意味になりました。しかし、全く逆に「呆れる、最低だ」の意味でも使われます。どちらで訳すかは会話の流れによります。

会話で使ってみよう

A：Who took the cake in the marathon?
 （そのマラソン大会では、誰が優勝したの？）
B：That fifteen-year old boy.
 （あの 15 歳の少年だよ）

C：Look at Susie's new dress.
 （スージーの新しいドレスを見てごらん）
D：It takes the cake.
 （ダサっ！）

★ D を「ダサっ！」と訳しましたが、「本当に最高ね」としても、それが皮肉的な言い方になるので、どちらでもOK です。皮肉に聞こえるような表情がコツです。

「固いチーズ」ってどういう意味？

> # Hard cheese.

それはお気の毒さま。

cheese の語源は、「物」を表すヒンドゥー語の chiz です。植民地時代のインドにいたイギリス人が、この語を英語に取り入れたのが由来とされています。

chiz は単独で「大物、重要人物」を表しましたが、発音が似ているため、英語では cheese と綴られるようになったのです。というわけで、cheese は「チーズ」のほか、「偉い人、お偉方、ボス」をも意味します。

では hard cheese は？　というと、文字どおりには「固いチーズ」ですが、英語では一般に、皮肉として「不運、不幸な状態・結果」を意味します。Hard cheese. と言うと「それはお気の毒さま、それは残念」となります。

会話で使ってみよう

A : Sorry, I can't go on a picnic this Saturday.
　（申し訳ないけど、今度の土曜日のピクニックには行けないわ）

B : Hard cheese for you if you can't come with us.
　（一緒に来られないなら、残念ね）

★ go for a picnic も「ピクニックに行く」ですが、go on a picnic のほうが計画性があるイメージです。

そのまま「ガチョウの卵」じゃないの？

goose egg

ゼロ、0点、（ジョークなどが）受けない

　goose egg は、卵の形が数字の「ゼロ」に似ていることから生まれた表現です。アメリカで野球が誕生したとき、得点の「ゼロ」をこう呼んだのが始まりです。チームの得点が「ゼロ」のときは、**Our team laid a goose egg.**（ガチョウの卵を産んだ）と表現します。

　のちに、野球だけでなく、ほかのスポーツにも使われ、今日ではスポーツの得点ばかりか、試験の成績（0点）や、「（ジョークなどが）受けない」をも意味します。

A : I tried to do my best, but my joke laid a goose egg.

（最善を尽くしたけど、ジョークがすべってしまったよ）

B : So, you have to get new funny jokes.

（じゃあ、新しくて面白いジョークを仕入れなきゃね）

★ **funny** は「面白い」ですが、「滑稽でおかしく笑いを誘う」もので、似た単語の **interesting** は「知的な興味や関心を引く」です。

「ミルクと一緒に帰宅する」って？

come home with the milk

ネイティブはこう使う

朝帰りする

　読者の中にも、夜遅くまでお酒を飲み、翌日の明け方になって帰宅する方がいるかもしれません。

　そんな場合は、帰宅が、朝の牛乳配達人が牛乳を配達する時間と同じ時間になります。時には「ほろ酔い」（**tipsy**）どころではなく、「二日酔い」（**hangover**）までもおみやげにして……。

　このことから、**come home with the milk** という表現が生まれました。もちろん、「朝帰りする」という意味です。夜間作業で朝帰りになるときにも使えるフレーズです。

会話で使ってみよう

A : My husband <u>came home with the milk</u> again.

（うちの主人、また朝帰りしたのよ）

B : You should chew him out.

（こってり油を絞ってやるべきね）

★ **chew out** は「ひどく叱る」ですが、類似の **chew up** は「（食べ物などを）噛み砕く、（～をめちゃめちゃに）壊す、厳しく非難する」を意味します。

第4章　さらりと言えればネイティブっぽい英語表現　143

like two peas (in a pod)

ネイティブはこう使う

瓜二つで

一つのサヤの中に入っている二つのエンドウ豆は、どちらがどちらか区別がつきません。あまりに似ていて違いがわかりませんね。これを英語では **like two peas (in a pod)** と表現し、「瓜二つで」と訳します。

英語では **peas** が、日本語では「瓜」が使われているのが、面白いですね。

なお「瓜二つ」は、瓜を縦半分に切った切り口が酷似していることが由来だそうです。

like two peas (in a pod) はビジネス会話でも頻出するので、覚えておくといいでしょう。

会話で使ってみよう

A : Those two brothers are <u>like two peas in a pod.</u>

（あの兄弟は本当に瓜二つだね）

B : Yes. If you don't look carefully, you can't tell which is which.

（ええ。よく見ないと、どっちがどっちかわからないね）

★ **which is which** で「どっちがどっちか」を表します。

another cup of tea

ネイティブはこう使う

全く異なる、話が別である

　another cup of tea は「もう1杯のお茶、2杯目の
お茶」で、**How about another cup of tea?**（紅茶を
もう1杯いかがですか？）などと使われます。

　しかし、**another cup of tea** は多くの場合、「(性格・
性質・事情などが) 全く異なる、話が別である、全く別の
ことである」という意味で使われます。2杯目のお茶が、
1杯目とは味が異なることから生まれた言い回しです。

　実は、この表現のもとは **one's cup of tea** で、「自分
の好み」「得意である」を意味します。ですが、婉曲的
には「自分の好きなもの、お気に入り」という意味にな
ります。

会話で使ってみよう

**A : I would like to visit many countries
　　in the future.**

　（将来、多くの国を訪れたいです）

**B : That's a good idea. Knowing about a
　　country is one thing, but visiting there is
　　another cup of tea.**

　（それはいい考えだよ。ある国のことを知ることと、実際
　　にその国を訪れることとは別だからね）

「あごにそれを食らう」とは、つまり…

take it on the chin

ネイティブはこう使う

大打撃を受ける

take it on the chin というフレーズを日本語にすると、「あごにそれを食らう」となりますね。

このフレーズはボクシング用語なので、**it** は「パンチ」を指します。今日では、一般に「大打撃を受ける」という意味で使われます。

ご存じのように、ボクシングではあごへのパンチが一番大きなダメージになることから、「打撃を受けながら耐える」というニュアンスに発展したものです。

会話で使ってみよう

A: What have happened to Japanese companies after the economic bubble burst?

（バブルがはじけて、日本の企業はどうなりましたか？）

B: Many of them <u>took it on the chin</u>.

（多くは大打撃を受けましたよ）

★ **happen**（起こる、発生する）には、予定にないことが偶然に起こるというニュアンスがあります。

「耳が燃えている」って耳がほてること?

one's ears burn

ネイティブはこう使う

誰かが噂をしている

　日本人はくしゃみをすると「誰かが噂をしている」と言いますね。昔は、くしゃみをすると鼻から魂が抜けると信じられ、早死にするとされていました。

　また、くしゃみを連発すると、誰かが自分を思ってくれているからだとも考えられていました。

　このように、くしゃみを悪いと捉えることも、良いと捉えることもありましたが、やがて「くしゃみが出る」→「噂をされている」と変化してきました。

　英語圏には、「誰かに噂されると耳がほてる」という俗信があり、**one's ears burn** という表現はこの俗信がもとになっています。なお、文字どおりの「耳がほてる・熱を持つ」は **My ears are hot.** と表現します。

会話で使ってみよう

A：You were all talking about me yesterday, weren't you? My ears were burning.

（あなたたち、昨日、私の噂したでしょ？　くしゃみが出たわよ）

B：Not us.

（私たちじゃないわよ）

feed one's face

大食いする

直訳すると「自分の顔に食わせる」になる **feed one's face** とは、変な表現ですね。顔に食べさせても、お腹はいっぱいになりませんし、食べ物の味を味わうこともできません。

実はこの表現、「いくら食べてもきりがない」という意味で、多くの場合、おどけて使われます。「大食いする、やたらに食べる」ことを意味します。

ちなみに、「彼は大食いね」は **He's a big eater.** とか **He has a big appetite.** と表現します。**appetite** は「食欲」という意味で、語源は **ad**（方向）と **petere**（求める）に由来し、原義はラテン語の **appetere**（切望する）です。

「大食いする」を意味する表現には、**eat like a horse**（馬のように食べる）もあります。

A：Can you believe how that skinny guy feeds his face?

（あの痩せた男が馬みたいに大食いするの、信じられる？）

B：No, never.

（いいや、決して）

hang by a (single) hair

ネイティブはこう使う

瀕死(ひんし)の状態である

hang by a (single) hair は、文字どおり「1本の髪の毛でぶら下がる」。1本の髪の毛でぶら下がるのですから、頼りないことこの上ありません。ただし、由来は不明です。

このフレーズは「瀕死の状態である、風前の灯火(ともしび)である」という意味で使われます。**hair** の代わりに **thread**（糸）でもいいのですが、そうなると、芥川龍之介の『蜘(く)蛛(も)の糸』を思い出させ、いっそう感じが出ますね。

会話で使ってみよう

A：The politician's influence is <u>hanging by a single hair</u>.

（あの政治家の影響力も風前の灯火だね）

B：I think so, too.

（私もそう思うわ）

★**I think so.**（私もそう思う）に **too** を付けて **I think so, too.** と言うと、より同意しているニュアンスが伝わります。**too** によって、自分も同じ意見や考え方であることを強調することができるからです。

「足を振る」ってどういうこと?

shake a leg

ネイティブはこう使う

急ぐ、さっさと行く

shake a leg のもとの意味は「脚をできるだけ速く動かす」でした。これは、ダンスが流行った 19 世紀前半、ダンスに合わせるリズムが速くなるにつれて、**Fast!**（速く脚を動かして！）、**Shake a leg!**（もっと脚を振って！）と言われたことによります。

どこかへ出かける支度をしているとか、どこかへ向かっていてさらにスピードを上げるときに、「急ぐ、さっさと行く」という意味で使われます。

なお、英語では **leg**（足）と **foot**（脚）を明確に区別します。一般に、**leg** は腿の付け根から足首までを、**foot** は足首からつま先までを指します。

会話で使ってみよう

A: Shake a leg or you'll miss the train.
　　（急いで、さもないと電車に乗り遅れるわよ）

B: Wait a moment. I'm looking for a door key.
　　（ちょっと待って。玄関のカギを探してるから）

★「命令文＋ or 主語＋動詞」は「〜しなさい、さもないと主語＋動詞」で、「命令文＋ and 主語＋動詞」は「〜しなさい、そうすれば主語＋動詞」を意味します。

「〜の首を折る」って物騒だけど…？

break the neck of ~

ネイティブはこう使う

(仕事・登山などの)峠を越す

  break the neck of ~ の直訳は「〜の首を折る」ですから、穏やかではありません。ではなぜ、このフレーズが生まれたのでしょうか？

  実は、かつて動物を殺すのに、首を折ったことから生まれたとされています。「(仕事・登山などの)峠を越す、最も骨の折れる部分をやり遂げる」という意味があり、さらに「(首の骨を折って)死ぬ」という意味もあります。

  似た表現に break one's neck (doing something) (直訳は「自分の首を折る」)がありますが、これは「四苦八苦する、苦労する」という意味です。

会話で使ってみよう

A : We have broken the neck of our mountain climbing this time.

  (今回の登山もほぼ終わりね)

B : Oh, yes. Well, which one do you have in mind next, Debby?

  (そうね。で、デビー、次はどの山に登る？)

★ **have in mind** (心の中に持っている)は「〜のことを考えている、〜を覚えておく、〜を計画している」です。

stick one's neck out

ネイティブはこう使う

あえて危険を冒す

stick one's neck out の直訳は「自分の首を突き出す」ですから、危ないですね。このフレーズは、まさに「あえて危険を冒す、危ないことに手を出す、批判に身をさらす」などの意味で使われます。

この語源は、食肉処理場でニワトリや七面鳥の頭を切り落とすとき、頭を肉切り台の上に置いて、切りやすいように首を引き伸ばすことからとされています。今の処理場では鳥たちは両足を吊され、下から電動バサミが出てきて、頭が自動的に切り落とされますが……。

会話で使ってみよう

A : I owe my life to Mr. Abbot. I would stick my neck out to save him any time.

（アボット氏は僕の命の恩人だから、僕はいつの場合も身を挺^{てい}して彼を助けるよ）

B : You'd better.

（そうすべきだね）

★上の「**owe** ＋ B（名詞）**to** A（人）」は「BのことでAに恩恵を受けている、B（について）はAのおかげである」を意味します。

follow one's nose

ネイティブはこう使う

勘に頼る

　ご存じのように、犬の嗅覚は人間のそれと比べると、はるかに優れています。日本で警察犬として登録数が一番多いのは、ジャーマンシェパードなのですが、この犬種は人間の約4000倍の嗅覚を持っているそうです。

　follow one's nose は、犬が嗅覚を使って「鼻を追って行く」ことから生まれたものです。転じて、人間が「勘に頼る、本能のままに進む、思いついたままに行動する、（策を講じたりしないで）自分の勘に従って行動する」といった意味になります。

会話で使ってみよう

A : Most politicians don't have their own policies.

（たいていの政治家は、自分自身の政策なんか持っていないね）

B : You mean that they just follow their noses?

（彼らは自分の勘だけで行動してるってこと？）

★ **follow** には「従う、後について行く」のほかに、「理解する」という意味もあります。

turn someone's stomach

ネイティブはこう使う

不快の念を起こさせる

テレビで国会中継を観ていると、木で鼻をくくったような答弁を繰り返す大臣がいますね。見ていて腹が立ちますが、それは筆者だけではないでしょう。

こうした状態を表す英語が **turn someone's stomach** です。気持ちの悪いものを見たり、聞いたりすると、胃袋がねじれるような気持ちがすることから生まれた表現です。「不快の念を起こさせる」という意味です。

似た表現で、「胸が悪くなるような、実にイヤな」を表す形容詞には **disgusting** があり、日常会話でよく使われます。**It was quite disgusting to find a fly in my soup.**（スープにハエが入っているのを見つけて、とても不快だったわ）などと使います。

会話で使ってみよう

A : That's enough, Eddie. It'll turn my stomach if you do more.

（エディ、もう十分だよ。もっとやると、気分が悪くなるから）

B : OK. I will stop here.

（わかった。ここでやめとくよ）

「すべてが親指である」って気味悪いけど…

be all thumbs

手先が不器用である

　もし手の指が「すべて親指」だったら、どんなに不便なことか。パソコンのキーボードを打つ、料理をする、ピアノを弾く……などの細かい手作業を器用に行うことができません。

　be all thumbs は、そんな「手先が不器用で、(手仕事などに) 役立たない」状態を意味します。「生まれつき不器用な」ときばかりでなく、不慣れだったり、あせったり緊張したりして、手が思うように動かないときにも使われます。

A：Can you repair my sewing machine?
　(私のミシン、直してくれない？)

B：I'm afraid I'm all thumbs when it comes to fixing things.
　(残念ながら物事の修理となると、僕は全く不器用なんだよ)

★明治時代に **sewing machine** が日本に入ってきたとき、長くて言いにくいということでマシン (**machine**) になり、さらにミシンと呼ばれるようになりました。

「自分のつま先で」とは？

on one's toes

抜け目なく

on one's toes というフレーズの直訳は「自分のつま先で」ですが、原意は「(テニスなどのスポーツで敏速に動き回れるように) つま先立ちして」です。

ここから発展して「事態の変化にいつでも対処できるように構えている、いつでも動けるように構えている」という意味になりました。

一般には「抜け目なく、油断なく身構えて」と言いたいときに使われるフレーズです。足全体を地面に着けておくのではなく、つま先立ちでいることで、必要があればすぐに行動に移せる、というニュアンスが含まれています。

A : The biology prof likes to give us pop quizzes.

（生物学の教授はよく抜き打ちテストをやるわよ）

B : If so, we have to be on our toes in this class.

（そうなら、このクラスは油断できないわね）

★ **prof** は **professor**「(大学の) 教授」の略です。**pop quiz** は「抜き打ちテスト・試験」のことです。

「自分の舌を失う」って?!

lose one's tongue

(驚き・恥ずかしさで)口がきけなくなる

　想定外の出来事や言動で呆気にとられて、あるいは恥ずかしさでどう反応していいかわからず、口がきけなくなることって、ありますよね。

　lose one's tongue は、直訳では「自分の舌を失う」ですが、舌がない（失う）と言葉を発することができませんね。そこから、このフレーズは「口がきけなくなる、物が言えなくなる」ことを意味するようになりました。

　似た表現に、**be tongue-tied**（舌がぐるぐる巻きに縛られている）があります。これは言うべき言葉が見つからないときや、言うべきことがはっきりしているのに喉につかえて流暢に言葉が出てこないときのフレーズです。

A : I wanted to explain to the prof what I had in mind, but when I met him, I lost my tongue.

　（考えていたことを教授に説明したかったけど、面と向かうとうまく言えなかったわ）

B : You got so nervous (that) you could never say anything?

　（緊張しすぎて何も言えなかったというわけね？）

「おばあちゃんに卵の吸い方を教える」って?

teach one's grandmother (how) to suck eggs

釈迦に説法をする

専門家相手に生半可な知識をひけらかすことを「釈迦に説法(をする)」と言いますね。同じことを、英語では **teach one's grandmother (how) to suck eggs** と言います。人生経験豊かなおばあちゃんにわかりきったことを教えるのは、まさに釈迦に説法です。

昔は歯科技術が未熟で、高齢者は歯のほとんどを失っていました。肉を咀嚼できない彼らがタンパク質を摂る最も簡単な方法が、卵の殻に穴を空け、中身を吸い出すというもの。したがって、高齢者は誰に教わらなくとも卵を吸うことの専門家だったことが由来とされています。

この表現は通例、**go** を付けて命令文で使われますが、命令文の場合は「わかりきったことを言うな」のように否定的な意味になります。

会話で使ってみよう

A : Red wine goes well with meat.

(肉には赤ワインが合うね)

B : That's teaching your grandmother how to suck eggs.

(それは釈迦に説法というもんだよ)

なぜ「おじさんと叫ぶ」の?

> # cry uncle

参ったと言う、降参する

　たとえば、子ども同士が取っ組み合いなどをしていて、組み伏せているほうの子が "**Cry uncle!**"（おじさんと叫べ！）→「参ったと言え！」と言い、相手が降参するときは "**Uncle! Uncle!**"（おじさん！　おじさん！）→「参った！　参った！」と言います。

　なぜ **cry uncle** が「参ったと言う、降参する」を意味するようになったかというと、実は **uncle** はアイルランド語で「保護、救出、安全」を意味する "**anacol**" が語源です。それが英語に入ったときに、発音が似ているため、**uncle** と綴られるようになったそうです。

　主に子どもが発する言葉ですが、比喩として成人が使うこともあります。

A: Did Satoshi pay back the money he has borrowed from you.

（智司さん、あなたから借りたお金を返してくれた？）

B: No, not yet. I have to put pressure on him until he cries uncle.

（いいや、まだ。参ったと言うまで、プレッシャーをかけてやらなきゃ）

have ants in one's pants

ネイティブはこう使う

ソワソワして落ち着かない

　have ants in one's pants で、**ants** と **pants** が韻を踏んでいることに気づかれたでしょうか？

　何かを期待したり心配したりすると、落ち着きがなく、立ったり座ったりしながら、体を小刻みに動かすことがありますね。

　そんな状態のことを、英語では **have ants in one's pants** と表現します。ズボンの中に入った蟻を追い出そうと体をモゾモゾさせることにたとえたものです。

会話で使ってみよう

A : Why do you have ants in your pants?
　（何でソワソワしてるんだい？）

B : Well, I'm going for a job interview this afternoon.
　（あのー、今日の午後、仕事の面接があるんだよ）

★ **a job interview** は「就職のための面接（試験）」を指します。**interview test** とは言いません。
★「筆記試験」は **written test**、「（外国語の）ヒアリング・テスト」は **listening (comprehension) test** と言います。

be for the birds

ネイティブはこう使う

くだらない、バカげている

　鳥の餌は取るに足りないほど少量です。そこから、飛び回るしか能がない小鳥なら満足するかもしれないが、人間にはとても満足できないという発想から、**be for the birds** というフレーズが生まれたとされています。

　また、鳥は馬糞の中にある植物の種子を餌にすることから生まれたとする説も。いずれにしても、鳥にやるのは、パンくずなど価値のないもの、捨てても惜しくないものですね。

　この表現は一般に、軽蔑の念を込めて「（鳥の餌程度にしかならないほど）くだらない、バカげている」という意味で使われます。

会話で使ってみよう

A : Tom says, "Education is for the birds. Money is more important."

　（トムは「教育なんかくだらない。お金のほうが大事だ」と言ってるよ）

B : I can't believe it.

　（信じられないわ）

play chicken

戦いを挑む、度胸試しをする

chicken は、おとなしく、おどおどしています。そのため、形容詞では「臆病な、意気地なしの、腰抜けの」、名詞では「勇気のないやつ、弱虫、臆病者」を意味します。play chicken という表現は、chicken が臆病なことから、危険なことや勇気がいることに挑戦すべきか否か、ためらうときに使われます。

「(相手が引き下がることを期待して) 戦いを挑む、度胸試しをする」というニュアンスです。

A : Those boys try to play chicken by seeing who can get closest to the edge of the cliff.

(あの少年たちは、誰が絶壁の淵に最も近づけるかで度胸試しをしようとしてるよ)

B : That's dangerous. Why don't you stop them?

(それは危険だね。彼らを止めたらどうなの？)

★ **get close to ~** は「〜へ近づく」を、**edge of the cliff** は「崖の端、崖っ淵」を意味します。

「犬小屋に入っている」とは、つまり…？

in the doghouse

面目丸つぶれで、夫が妻に愛想をつかされて

　防犯用の番犬を除いて、最近、犬は愛玩用（あいがん）として屋内で飼われることが多いですね。それでも、いたずらをする犬は犬小屋に閉じ込められます。当然、犬小屋は粗末（そまつ）な作りです。

　in the doghouse は、このように、人から愛想を尽かされたり、相手との関係がまずくなったりして惨め（みじ）になるという発想から生まれました。

　たとえば、夫が"付き合い"で何度も午前様で帰宅し、怒り心頭の妻に締め出される。夫は、やむなく外の粗末な犬小屋で寝るハメに……などの状況で使われます。

　つまり「面目丸つぶれで、夫が妻に愛想をつかされて、人の不興を買って」と言いたいときの表現です。

A：Bill is in the doghouse with his wife for forgetting her birthday.

　（ビルは奥さんの誕生日を忘れて、奥さんはすっかりおかんむりなの）

B：He got what he deserved.

　（彼、当然の報いよね）

「死んだ鴨である」ってどういう意味？

be a dead duck

一巻の終わりだ

人間はもちろん、どんな動物も死ねば終わりです。この **dead** は「人、計画、仕事などがダメになる」ことで、**a dead duck** は「見込みのない人・計画、ダメになった計画」を表します。

duck がなぜこの意味で使われるかは不明ですが、107ページでも解説したように、鴨猟（**duck shooting**）がポピュラーなスポーツであったことからとする説が一般的です。また、**duck** が **dead** と韻を踏んでいるからとも考えられます。英語の表現には、このように、語呂合わせで作られているものも少なくありません。

be a dead duck は「一巻の終わりだ、絶望的だ、全く見込みがない」という意味で使われます。

A : Scarlet, I can't approve of your marrying Jack.

（スカーレット、ジャックとの結婚には賛成できないよ）

B : Why not?

（どうして？）

A : Because he's a dead duck.

（だって、彼はダメ男だからだよ）

「濡れた雌鶏のように気が変になって」？

(as) mad as a wet hen

カンカンに怒って

　筆者は、雌鶏に水をかけたことがないので、水をかけると雌鶏がどのような反応を示すのかわかりません。

　しかし、英語には **(as) mad as a wet hen** というフレーズがあります。これは、雌鶏が水をかけられたり雨に濡れたりすると、異常に興奮して怒り狂うことから生まれた表現だといいます。

　ニワトリは暑い日の水浴びを除いて、水をかけられたり雨に濡れたりすると、不快になるのだそう。もっとも、私たちも不意に水をかけられたらカッとなりますし、急に夕立になると不快な感じを抱くでしょうから、ニワトリと同じかもしれません。

A : Our teacher was <u>as mad as a wet hen</u> when she found out I didn't do my homework.

（宿題を忘れたことがわかって、先生にカンカンに怒られたよ）

B : That's your fault.

（それは君が悪いんだよ）

「馬の口から直接それを得る」とは？

> # get it straight from the horse's mouth

本人から直接聞く

　get it straight from the horse's mouth というフレーズは競馬と関係しています。起源には二つの説があります。

　一つは、競馬の予想は馬の口から直接聞き出したのだと自慢する予想屋の言葉から生まれたとする説です。もう一つは、馬の本当の年齢はその馬の前歯を見ればわかるとする説です。どちらが本当かは不明ですが、「本人から直接聞く、確かな筋から聞く、事情通から情報を得る」という意味で使われます。

　it の代わりに **news** や **information** が使われることもあります。

**A : Yukie got a scholarship to study in the U.S.,
I got it straight from the horse's mouth.**

　（幸恵がアメリカ留学の奨学金に受かったよ。そのことを
　直接、本人から聞いたから確かだよ）

B : Good for her.

　（彼女、よくやったわね）

pigs might fly (if they had wings)

ネイティブはこう使う

あり得ない

　日本語には「豚もおだてりゃ木に登る」という諺があります。無能な者でも、おだててその気にさせると期待以上の成果を出すことがあるというたとえですね。

　英語にも「豚」を使ったフレーズがあります。それが **pigs might fly (if they had wings)** です。このフレーズは、絶対に起きないだろうと思うときに「あり得ない、とんでもない、奇跡が起こらないとも限らない」という意味で、人をからかったり、皮肉を言ったりするときに使われます。

　might の代わりに **could** が使われることもあります。いずれにしても、同じ「豚」を使った表現でも、日本語と英語とでは、ほぼ反対の意味になりますね。

会話で使ってみよう

A : I think we can get more than 100 medals in the next Olympic Games.

　(この次のオリンピックでは、われわれは100個以上のメダルを取れると思うよ)

B : Pigs might fly if they had wings.

　(あり得ないでしょ)

「ネズミの競走」ってどういうこと？

a rat race

熾烈な競争

a rat race という表現には、二つの起源があります。一つは、ネズミがケージの輪の中を走らされる様子から生まれたとする説です。もう一つは、ネズミを競わせる遊びで、ネズミたちが狭い通路に沿って、気が狂ったように先を競う様子から生まれたとする説です。

いずれにしても、「愚かで激しい生存競争、心身を消耗させるだけの空しい仕事」というニュアンスがあり、大都会でのサラリーマンの激しい競争社会を描写するのによく使われます。

定冠詞 **the** を付けると「（この現代の）競争社会」を表し、**leave the rat race** と言えば「脱サラをする」を意味します。

会話で使ってみよう

A：Going to the city? City life is a rat race.

（都会へ行くって？ 都会の生活は競争が激しいわよ）

B：I think so, but I want to experience city life.

（僕もそう思いますが、都会生活を経験してみたいんです）

「七面鳥を話す」とは？

> # talk turkey

ネイティブはこう使う

率直に言う

昔、アメリカ先住民（**Native American**）と白人が一緒に狩りに出かけて、七面鳥とカラスを数匹ずつ獲りました。獲物を分配する段になって、白人は「最初は俺が七面鳥を取る、次はお前がカラスを取れ。次は俺が七面鳥を取る、その後はお前はカラスを取れ」という具合に、おいしい七面鳥を独り占めしました。

当然、先住民はこの配分法に不満を抱きます。そして、"**You always talk turkey. Now I talk turkey.**" つまり、「お前はいつも七面鳥と言う。今度は俺が七面鳥と言う」と不平を言ったことから、**talk turkey** というフレーズが「率直に言う、はっきり言う」「ざっくばらんに話す」という意味で使われるようになったのです。

商談など何かの目的のために、真剣に話をする際に使われます。

会話で使ってみよう

A：Our argument is going around in circles. Let's talk turkey now.

（議論は堂々巡りしてるね。そろそろ率直に話そうよ）

B：OK, let's do so.

（わかった、そうしよう）

go against one's grain

不本意である

何事に限らず、結果として不本意に終わることがあります。そんなとき、英語にはぴったりの表現があり、それが **go against one's grain** です。

この場合の **grain** は「穀物」や「穀粒」ではなく、「木目」のこと。**against one's grain** は「意に反して、不本意で」という意味なので、これを使った **go against one's grain** の直訳は「木目に逆らう」です。

これは、木材を扱う際に、**grain**（木目）に逆らうと、削ったり加工したりすることが難しいことから生まれた表現。「不本意である、（考え・行動などが）性分に合わない、一般常識に逆らう」という意味のフレーズです。

one's の代わりに **the** が使われることもあります。

A : Why don't we ask him and let him pay for a drink?

（彼を誘って、一杯おごらせるのはどう？）

B : I'm afraid it goes against my grain to do something like that.

（申し訳ないけど、そんなことをするのは私の性分に合わないわ）

「息を節約する」ってどういう意味？

save one's breath

ネイティブはこう使う

無駄口をきかない

save one's breath の直訳は「息を節約する」、つまり「口をきかない、話をしない」ことから転じて、「無駄口をきかない」を意味します。

この表現は、ジョークや減らず口に留まらず、これ以上言っても仕方がないときや、言うに値 (あたい) しないので口を閉ざすときに用いられます。

また、反対の意味の「無駄口をたたく」は、**waste one's breath**（直訳は「息を浪費する」）と表現します。

会話で使ってみよう

A : That's enough. Save your breath.
　You're just repeating the same thing.
　（もうたくさんだ。もう黙ってくれ。君は同じことを繰り
　　返してるだけだからな）

B : Well, but….
　（ええ、でも……）

★ **That's enough.**（もうたくさんだ）は決まり文句です。

第4章　さらりと言えればネイティブっぽい英語表現　　171

「紫の一節」って何のこと?

a purple passage

ネイティブはこう使う

美辞麗句
（び　じ　れい　く）

a purple passage というフレーズは、**purple** の
「高貴な、華麗な」という意味から生まれたものです。

古代ローマでは、**purpura**（アクキガイ科の一属）とい
う貝から採った同名の染料（英語の **purple** の語源）で衣
服を紫色に染めていました。希少価値が高く、この染料
を使った衣服を着られるのは貴族のみでした。

37 ページでも解説しましたが、**purple** は、この貴族
の衣服の色から「高貴、権力、豪華」の象徴とされるよ
うになったのです。

a purple passage は「美辞麗句、華麗な章句・文
章、飾り立てた文章」という意味で使われます。一方、
purple には「（言葉が）どぎつい」など非難の意味もあ
り、**purple language** とは「扇情的な表現」という意
味です。

会話で使ってみよう

**A : Our mayor uses <u>purple passages</u> all the
time in his speech.**

（市長は演説ではいつも美辞麗句を並べるね）

B : I know, so his speech is hard to understand.

（そうね。だから彼の演説はわかりにくいのよ）

be born with a silver spoon in one's mouth

ネイティブはこう使う

富貴の家に生まれる

be born with a silver spoon in one's mouth というフレーズでは、**silver spoon**（銀のスプーン）がカギです。

昔、特にヨーロッパでは、銀食器は先祖代々引き継がれていくものとされており、単なる食器の範囲を超え、「財産」という意味がありました。したがって、銀食器といえば王族や貴族の持ち物だったのです。

当時、赤ん坊が洗礼を受ける際に、教父が贈り物としてスプーンを与える習慣がありました。このとき、金持ちの赤ん坊には「富、財産」を意味する **silver spoon** が与えられたので、このフレーズが生まれたのです。「富貴の家に生まれる、裕福である」という意味です。

会話で使ってみよう

A : Stephanie was born with a silver spoon in her mouth, so she'll never have to work.

（ステファニーは富貴の家に生まれたから、働かなくていいんだよ）

B : I envy her.

（彼女がうらやましいわ）

save for a rainy day

ネイティブはこう使う

まさかのときに備える

　多くの人々にとって、雨降りはイヤなものですね。もっとも、農作物に適度の雨が必要なのは言うまでもありませんが。

　英語には、**save for a rainy day** という表現があります。**save for** は「蓄える、取っておく」で、**a rainy day** は「本当に必要なとき、困ったとき」を意味します。

　このフレーズは、「まさかのときに備える、万一に備えて（何かを）取っておく」を意味します。

　「万一に備えて」を意味する英語には、**just in case** もあり、**I carry some money in cash just in case.**（私は万一に備えて、いくらか現金を持ち歩きます）などと使われます。

会話で使ってみよう

A : Don't spend all of your New Year's money.
　（お年玉を全部使うんじゃないよ）

B : Yeah, I will <u>save</u> some <u>for a rainy day.</u>
　（ああ、まさかのときに備えていくらか蓄えておくよ）

★ **New Year's money** は「お年玉」ですが、**gift of money on New Year's days** とも言います。

何が「春のニワトリではない」の?

> # be no spring chicken

もう若くはない

　昔、**chicken**（雛鳥_{ひなどり}）は春にしか手に入りませんでした。**spring chicken** とは「(特に生後 10 か月ぐらいまでの肉のやわらかい) 若鶏」「若者、ひよっこ」を意味します。

　be no spring chicken というフレーズは「もう子どもではない」というニュアンスでも使われます。いずれにせよ、中年以上で年齢がそれほど若くないということを強調したものです。

A : Tim, you have to help Aunt Helen.
　（ティム、ヘレンおばさんの手伝いをしなきゃダメよ）

B : Yes, she's no spring chicken.
　（ああ、おばさんはもう若くないからね）

★ **chicken** を使った慣用句に **Which came first, the chicken or the egg?** があります。そう、「ニワトリが先か？　卵が先か？」です。

「インディアンの夏」ってどういうこと？

Indian summer

小春日和
こ はる び より

ご存じのように、日本で小春日和というと、晩秋から初冬にかけての、暖かく穏やかな晴天のことですね。筆者は子どもの頃、「小春日」という文字から、春先の暖かい日のことだと勘違いしていました。

英語では、小春日和を **Indian summer** と言います。この表現の起源は、アメリカ先住民 (**Native American**) が、このような気候条件が最初に注目された地方に住んでいたことからとされています。

アメリカでの「小春日和」の時期は、一般には、9月中旬から10月初めの乾燥した穏やかな気候を指します。ただし、地域や風土の違いによって多少異なるようです。なお英国では、11月に見られる同様の天候を、**St. Martin's summer** (聖マーチンの夏) と言います。

会話で使ってみよう

A : Wow, it's Indian summer today. Let's have a picnic in the park.

（うわぁー、今日は小春日和だから、公園でピクニックしようよ）

B : That sounds good.

（いいね）

「氷を切らない」とはどういう意味？

cut no ice

少しも効果がない

アイススケートのスケート靴のエッジは、氷面を切るほど鋭くなければなりません。そのため、スケート用語で「エッジが鋭い」ことを **cut the ice**（氷面を切る）と表現します。

そして反対の「エッジが鈍い」ことを **cut no ice**（氷面を切らない）と言います。氷上に靴のエッジの跡を残さないような弱々しい滑り方を指します。

これが転じて「人の考えや決心を変えさせることができない」、つまり「少しも効果がない、人に通用しない、影響を与えない」を意味します。さらに、**cut no ice with someone** と言えば「（手段などが）人には効果・効きめがない、人にはムダである」を意味します。

会話で使ってみよう

A : His words cut no ice with us any more.

（われわれは彼の言葉にはもう影響されないよ）

B : Why not?

（どうして？）

A : Because we've already heard that several times.

（もう何度もそのことを聞いてるからね）

「月を求める」とは、つまり？

ask for the moon

不可能なことを望む

　中秋の名月はもちろんですが、澄んだ夜空に輝く月は美しいもの。しかし、月が美しいので取ってくれと頼まれても、これだけは無理で、願いをかなえるわけにはいきませんね。

　英語には、このことを意味する **ask for the moon** という表現があります。日本語の「不可能なことを望む、無い物ねだりをする」に相当します。**ask** の代わりに **cry** が使われることもあります。

A : Mr. Kennedy, I'd like to marry Sue, your daughter. I deeply love her.

　（ケネディさん、娘さんのスーと結婚したいんです。彼女を深く愛していますので）

B : Steve, that's asking for the moon!

　（スティーブ、それは無理というもんだよ！）

★上の例では **I love her.** ですが、**I love you.** は恋をささやくときには欠かせない表現です。英語圏（特にアメリカ）では、夫婦はもちろん家族にもよく使われます。これは「変わらぬ愛がある」ことを示す表現だからです。

chase (after) a rainbow

ネイティブはこう使う

(叶わぬ)夢を追う

筆者は少年の頃、家の近くの石狩川にかかる虹を追いかけると、綺麗なアーチの橋を捉えることができると考えました。しかし、虹は追いかけると逃げてしまいます。さらに追いかけると、虹はまた逃げてしまい、ついにその橋は消えてしまいました。そのとき、少年の夢はシャボン玉のように儚く消えてしまいました。

英語にも、**chase (after) a rainbow** という表現があります。**chase** は「追う、追跡する」です。筆者の経験のように、虹を追っても捉えることができず、儚いもの。したがって、この表現は「(叶わぬ)夢を追う、夢の目標に向かう」という意味になるわけです。

会話で使ってみよう

A : My brother is still chasing a rainbow after failing in two ventures.

(兄は二つの事業で失敗しても、まだ夢を追いかけてるよ)

B : He has a strong will.

(お兄さんは意志が強いんですね)

★ **will** には「意志、目的」のほかに「遺言、遺言書」という意味もあります。

「空が限界である」とは？

the sky is the limit

限度がない、無限である

the sky is the limit という表現は、ポーカーで限度なしに賭けることを表現したのが始まりとされています。空はどこまでも無限であることから、比喩で「限界がない、限度がない」「能力・可能性が無限である」という意味になります。

いわゆる、日本語の「青天井」に近い発想と考えてよいでしょう。

この表現は、ヒラリー・クリントン氏がアメリカの民主党全国大会で大統領候補として指名され、受諾演説の中で使いました。女性の社会進出をはばむ「ガラスの天井」が破られたことを強調したものです。

会話で使ってみよう

A : Bill, congratulations on your promotion.
Let's have a drink after work.

（ビル、昇進おめでとう。仕事の後で飲みに行こうよ）

B : That's a good idea, Scott.

（それはいいね、スコット）

A : It's on me today. The sky is the limit.

（今日は俺のおごりで。制限なしだよ）

see stars

目から火が出る

　頭や顔をどこかにぶつけたり、転んで頭を打ったりしたとき、「目から火が出た」と言いますね。人によっては、本当に星（形のもの）が見えたりします。

　同様に英語でも、**see stars**（直訳は「星を見る」）と表現します。どこかに頭をぶつけると「星形の光が見える」ので、このように表現するほうが理にかなっているかもしれません。

　もちろん、文字どおりに「（夜空で）星を見る」の意味もあります。

A : Last night my brother and I hit our heads together accidentally, and we both <u>saw stars</u>.

（夕べ、うっかり弟と頭をぶつけて、２人とも目から火が出たよ）

B : Didn't you hurt yourselves?

（ケガはなかったの？）

★ **accidentally** は「偶然に、うっかり、思わず」を意味する副詞です。

「袋を打つ」って何の袋を打つの？

hit the sack

床<small>とこ</small>に就<small>つ</small>く、寝る

hit は「打つ」ですが、hit the ～ とすると「～へ行く、～に接触する」になります。sack は「袋」で、これが「寝袋」を意味するという説があります。「寝袋の所へ行く」→「床に就く」に発展したのです。

また、sack が「(詰め物をした) 袋」、つまり「ベッドのマットレス」を指し、そこから発展して「床に就く、寝る」を意味するようになったという説もあります。

sack の代わりに hay (干し草) を使うこともありますが、これはマットレスの詰め物として「(刻んだ) 干し草」が使われたことが由来。学生や兵士などの若い人は、hit the sack という言い方を好んで使います。

A: Where is Albert? I want to talk to him.

(アルバートはどこ？　彼に話があるんだけど)

B: He already <u>hit the sack</u>.

(彼なら、もう寝たよ)

★ **talk to ～** (～と話す) は「話しかける、一方的に話す」のニュアンスが強い表現です。また、**talk with ～** は「互いに話し合う」というニュアンスです。

「魚のように飲む」とはどういうこと？

drink like a fish

大酒を飲む

　魚（**fish**）は実際には水を飲みませんが、常に水を飲んでいるかのように見えることから、**drink like a fish** という表現が生まれました。「大酒を飲む」の意味です。一般には習慣的な飲み方について使われ、やけになって痛飲するような場合にはあまり使われません。

　また、**as drunk as a fish**（魚のように酔っぱらって）というフレーズもあります。「ひどく酔っぱらって、泥酔して」という意味です。大量に飲酒すると「泥酔状態になる」ことから生まれた言い回しです。

　日本にも「鯨飲」という言葉がありますが、これは「クジラが水を飲むように酒を一時にたくさん飲むこと」。よく似た表現があるんですね。

A：Who is the guy who is drinking like a fish?
　（あの大酒を飲んでいるのは誰なの？）

B：They say he is one of the city councillors.
　（彼は市議会議員だそうだよ）

★ **They say (that) ～.** は「～と言われている、～だそうだ」と訳します。

「シャツを着たままでいる」とは？

keep one's shirt on

腹を立てずにいる、落ち着いている

keep one's shirt on は、19世紀のアメリカで、血気（けっき）にはやる男たちの行動に由来します。口論が高じて殴り合いのケンカになりそうになると、男たちはシャツを脱ごうとしました。日本人なら腕まくりをするところです。

そこへ、「落ち着け」とばかりに仲裁（ちゅうさい）に入る人のせりふが Keep your shirt on!（直訳で「シャツを着ていろ！」）だったのです。つまり「怒ってシャツを脱いでケンカをするようなことはよせ」ということ。

「腹を立てずにいる、落ち着いている」という意味で、多くの場合、せかす人や焦っている人に対して命令文で使われます。

会話で使ってみよう

A : What are you so excited about?
Keep your shirt on!
（何をそんなに興奮してるの？ 落ち着きなさいよ！）

B : I want to get even with him for the insult.
（彼に侮辱されたから仕返ししたいんだよ）

★「落ち着け！」は **Calm down!** や **Chill out!** とも言います。

pull someone's strings

人を操る

pull someone's strings の **string** とは「（操り人形を動かすための）糸」で、**pull** は「（糸を）操る」ことです。したがって、この表現は、観客からは見えない人形師によって、操り人形が糸やひもで操られることから生まれました。

したがって、**pull someone's strings** は「（本人の意思とは無関係に）人を操る」という意味になります。

A：Do you know who is pulling Steve's strings?

（スティーブを操っているのは誰かわかる？）

B：No, I don't. I think he acts on his own will.

（いいえ、わかりません。彼は自分の意思で行動していると思いますが）

★上の文の **Do you know who is pulling Steve's strings?** は「間接疑問文」です。間接疑問文とは、疑問文が文の中に名詞節として組み込まれた文のことです。

cry on someone's shoulder

ネイティブはこう使う

悩みを打ち明ける

「あなたの肩で泣く」とか「あなたの肩で泣きたい」という歌詞を、演歌か昭和歌謡で聞いたような気がします。愛する人へ切ない気持ちを表したものですね。

英語にも、この日本語にごく近いニュアンスの **cry on someone's shoulder** という表現があります。「(人) の肩に顔をうずめて泣く」とも訳せますが、実は「悩みを打ち明ける、愚痴をこぼす」という意味で使われます。

この表現の変化した形に **a shoulder to cry on**(直訳は「その上で泣くための肩」)もあります。「頼りになる人・もの」という意味です。**You are always a shoulder to cry on for your friends.**(君はいつも友達が困ったときに頼りになる人だよ)などと使われます。

会話で使ってみよう

A : Even if your venture fails, don't come crying on my shoulder.

(ベンチャー事業に失敗しても、愚痴を言いに来るなよ)

B : No, never. If I fail, I'll take responsibility for it.

(はい、決して。万一失敗したら、自分で責任を取りますから)

第5章 ビジネスで駆使したい "鼻高"な英語表現

**Let's call
it a day.**
今日はここまでにしよう。

「それを1日と
呼ぶ」って
どういうこと？

the top banana

ネイティブはこう使う

第一人者、最重要人物

the top banana を直訳すると「一番上のバナナ」って何？　と混乱してしまうかもしれませんね。

この言葉、もとはボードビル（舞台での踊りや歌などのショービジネス）の主演コメディアンを意味しました。したがって、バラエティ・ショーの主演者、主役のコメディアンなども、**the top banana** と言ったりします。

しかし、なぜバナナにたとえたのか、それがなぜ「第一人者、最重要人物」を指すようになったかは不明です。**top** の代わりに **big** を使っても OK です。

会話で使ってみよう

A：Jeff and I were classmates, but now he is the top banana in political circles, and I'm a nobody.

（ジェフと俺はクラスメートだったけど、彼は今や政界の大物で、俺は地位も名声もない、ただの人だよ）

B：You're as different as night and day.

（君たち 2 人には天と地の開きがあるな）

★ **as different as night and day** で「全く異なる」という意味です。

「〜について豆を知らない」とは？

not know beans about ~

〜について何も知らない

第1章の21ページで、**beans** をたくさん食べると元気が出ると紹介しましたが、実はこの **bean** には俗語で「ほんの少し、わずか」という意味があります。

したがって、**not know beans about ~** は「〜について何も知らない」を意味します。「豆」は小さいことから「ほんの少し」を意味することがおわかりでしょう。**know nothing about** も同じ意味になります。

会話で使ってみよう

**A：Don't ask me to speak with Americans.
I don't know beans about English.**

（アメリカ人と話し合いをしろなんて言わないでくれよ。
僕、英語はからっきしダメなんだから）

B：Didn't you study English at school?

（キミ、学校で英語を勉強しなかったのか？）

★ **study** は「何かを勉強する、専門の調査・研究をする」という意味で、学習の行為とプロセスに重点が置かれます。他方、**learn** は「外国語や楽器などを習得する」で、学習の結果に重点が置かれます。

one's bread and butter

ネイティブはこう使う

主食物、飯の種

　日本ではパン食が多くなったとはいえ、まだお米（**rice**）が主食ですね。

　英米では、パン（**bread**）をよく食べます。**bread** には主に **butter**（バター）を塗って食べることから、**bread and butter** が「（日常の）主食物、飯の種、主要な収入源、生計の手段」を意味するようになりました。

　ちなみに、レストランなどで出される「パン」は食パンの **bread** ではなく、**rolls**（ロールパン）、**muffin**（マフィン）、**croissant**（クロワッサン）などと呼ばれます。

会話で使ってみよう

A : I hope our company doesn't go bankrupt.
（会社が倒産しないように願うよ）

B : I hope so, too. We'll lose <u>our bread and butter</u>.
（僕もだよ。倒産したら、僕たちおまんまの食い上げだからね）

★ **go bankrupt** は「倒産する、破産する、手仕舞いする」を意味します。

butter someone up

ネイティブはこう使う

ごまをする

「ごまをする、ご機嫌をとる」を意味する英語には、**polish the apple** という表現があることは前述しました（64 ページ）。**butter someone up** も同じ意味です。

人を利用して目的を達成する→「人にバターをたっぷり塗る」→「ごまをする」を意味するのですが、なぜ **butter up** が「ごまをする」を意味するのでしょうか？

前項で解説したように、パンを食べる際はバターを塗りますね。そうすると「パンがよりおいしくなり、食べる人が満足感を得られる」ことが語源だとされています。つまり、「バター」が「相手が喜ぶようなことを言う、お世辞を言う」を意味するというわけです。

会話で使ってみよう

A：Buttering me up won't help you. I have no money.

（俺にごまをすっても無駄だよ。カネはないんだから）

B：I don't mean that.

（そういう意味じゃないよ）

eat humble pie

ネイティブはこう使う

屈辱を味わう

humble pie は発音が似ている umble pie から生まれました。11世紀のイギリスでは鹿を仕留めると、仕留めた本人とその長男、さらにその男の最も親しい友人のみで、最もおいしい肉を分けました。

そして妻やほかの子ども、さらにほかの友人たちには、それより価値の低い心臓や腎臓、腸などの臓物 (umbles) を分け与える習慣がありました。このとき、臓物の味をよくするために、臓物をパイにして提供しました。したがって、当時、パイを食べることは身分が低いことを意味したのです。

時代が移り、umbles が「粗末な」を意味する humble に変化し、eat humble pie が「屈辱を味わう、みじめな思いをする」を意味するようになったのです。

会話で使ってみよう

A : Thomas made a mistake, so he ate humble pie.

（トーマスは間違いを犯して、みじめな思いをしたんだ）

B : What kind of mistake did he make?

（彼、どんな間違いを犯したの？）

go back to the salt mines

ネイティブはこう使う

(仕方なく)仕事に戻る

休憩の後で、再び仕事に取り掛かるのが億劫になることがありますね。

ロシアではかつて、囚人たちがシベリアの岩塩採掘坑で働かされました。**go back to the salt mines** は、彼らが休憩を終え、再び採掘抗でのつらい仕事に戻ることから転化して「(仕方なく)仕事に戻る、(あのつらい)職場に戻る」という意味になったとされています。**salt mines** とは「岩塩採掘坑」のことです。

このフレーズは今日、多くの場合、ふざけた感じで使われます。

会話で使ってみよう

A:Well, it's time to go back to the salt mines again.

(さあ、また仕事に戻る時間だぞ)

B:Yeah, let's give it another try.

(うん、もう一踏ん張りしようよ)

★ **give it another try** は「もう一度やってみる」で、**give it a try**(あることを試みる)がもとの語です。

「～の背中を折る」ってどういう意味？

break the back of ～

仕事が峠を越す

　第４章の 151 ページで **break the neck of ～** を紹介しましたが、こちらは **break the back of ～**（直訳は「～の背中を折る」）です。

　動物を料理するとき、背（骨）を処理するのが一番難しいそうです。そのため、このフレーズは、背（骨）の処理が終わると、「ほぼ終わる、完了する、一段落する」ことから生まれた表現です。

　また、猛獣が獲物を捕らえて、最終的にその獲物の背中に嚙みつくことで猟を完了することから生まれたとする説もあります。

　「仕事が峠を越す、最悪の部分を終える、一番困難な部分を乗り越える」という意味です。

A：We finally <u>broke the back of</u> the tough business negotiation.

　（われわれはついに、あの厳しい商談の峠を越えました）

B：Good job! Thanks a lot.

　（それはよかった！　感謝するよ）

keep one's chin up

ネイティブはこう使う

落ち込まない、元気を出す

日本語で「あごが上がる」と言うと、「諦める、仕事を途中で投げ出す」という意味になりますね。

英語の **keep one's chin up** は、「あごを上げている（俯かずに）」から転じて「落ち込まない、元気を出す」という意味になりました。**Keep your chin up!**（元気を出せよ！）は、困難な状況にいる人を励ますときによく使われます。短縮して **Chin up!** とも言います。

日本語の「あごを上げる」と英語の **keep one's chin up** との意味が、真逆であるのは面白いですね。

会話で使ってみよう

A：Keep your chin up! You have another chance.

（元気出せよ！　またチャンスがあるさ）

B：No. This is the end of the world.

（いいや。これで一巻の終わりだよ）

★ **the end of the world** は 164 ページの **be a dead duck** と同じく「一巻の終わり」と個人の人生についての表現ですが、よりスケールの大きな「終末」を意味することもあります。

「耳の後ろが乾いている」とは?

be dry behind the ears

ネイティブはこう使う

一人前だ、経験を積んでいる

be dry behind the ears の直訳は「耳の後ろが乾いている」ですが、どういうことでしょうか?

小さな子どもは、体を洗った後、耳の後ろが拭きづらいので最後まで濡れていることがあります。しかし、成長するにつれて、自分で耳の裏も拭けるようになります。これで「一人前」になりますね。

このことから、このフレーズは「一人前だ、経験を積んでいる」を意味するようになりました。

be wet behind the ears と言えば、それとは反対に「一人前ではない」ことを指します。ただし、馬鹿にしたニュアンスが含まれており、使用には注意が必要です。

会話で使ってみよう

A : It takes some time for newcomers before they will be dry behind the ears.
　（新入社員が一人前になるには、しばらく時間がかかるね）

B : I think so. In fact, we don't have good training programs for them.
　（そうね。実際、当社には新人研修のいいプログラムがないしね）

196

「指をやけどする」ってそのままでは？

burn one's fingers

（余計なことをして）痛い目に遭う

　burn one's fingers を直訳すれば「指をやけどする」ですが、ネイティブ・スピーカーは「（余計なことをして）痛い目に遭う」という意味で使います。この表現はフランスの詩人で寓話作家のラ・フォンテーヌの『寓話集』に登場する「猿と猫」に由来します。

　この話は、猿におだてられた猫が暖炉の中の栗を拾ったが、やけどを負っただけで栗は猿に食べられてしまうというもの。そこから、日本では「火中の栗を拾う」という諺が生まれましたが、英語圏では「猿のようなずる賢い人にだまされ、余計なことをして損をするな」という戒めとなり、**burn one's fingers** という表現が生まれたわけです。

会話で使ってみよう

A : If you buy stocks without enough information, you will burn your fingers.

　（十分な知識もなく株を買うと、痛い目に遭うわよ）

B : How do you know that?

　（どうしてそんなことを知ってるの？）

A : I have experience.

　（経験したことがあるからよ）

get off on the wrong foot

出だしでつまずく

get off on the wrong foot（直訳で「間違った足で降りる」）と言われても、何を意味するかわかりませんね。

実は、軍隊やブラスバンドなどの行進では、必ず左足から出ると決まっているそうです。この表現は、そういうときに間違えて右足、つまり「間違ったほうの足から出る」ことから生まれました。

そこから、「（何かを始める際に）出だしでつまずく、初めから間違う、悪いスタートを切る」、時には「第一印象が悪い」を意味するようになりました。

というわけで、この **get off** は「降りる」ではなく、「出発する」を意味します。

なお、反対の意味の「最初から順調に滑り出す」は、**get off on the right foot** です。

A：I think I got off on the wrong foot.

（出だしで間違えたみたいだよ）

B：Well, why don't you start again?

（じゃあ、もう一度最初からやり直したらどう？）

「自分の足を自分の口へ入れる」とは?

put one's foot in one's mouth

ヘマなことをする・言う

put one's foot in one's mouth というフレーズを直訳すると「自分の足を自分の口に入れる」となります。でも、どんなにうっかりしても自分の足を口に入れるなんてことはないでしょう。

この表現の語源は 18 世紀まで遡ります。もともとは、**put one's foot in it** と表現されていました。踏み込まないほうがよいものに、ついうっかり足を踏み入れてしまうイメージがあります。

20 世紀半ばになり、「口を開くたびに足を突っ込む」というジョークが流行って、次第に現在の形で使われるようになりました。つまり「ヘマなことをする・言う、言い損なう」という意味です。

会話で使ってみよう

A : He put his foot in his mouth, so he was transferred to a lower position in a branch office.

（彼はうっかりへまなことを言って、支店へ転勤させられたんだよ）

B : One gets what one deserves.

（自業自得だね）

「手を見せる」って、どんな手のこと？

show one's hand

手の内を明かす

いつ見ても、マジックショーには感心させられます。どういうネタなのかと考えても、ほとんどわかりません。それはさておき、**show one's hand** は単なる「手」ではなく、「(トランプゲームの) 持ち札」を表します。

この表現は「(トランプで) 手を見せる、ネタを明かす」ことから、「手の内を明かす、考え・意図をうっかり知らせる、腹の内を見せる」を意味します。したがって、**Show your hand.** と言えば「手の内を明かせよ」となります。

tip one's hand（持ち札を傾ける）も同じ意味です。

A : You shouldn't show your hand until the end in business negotiations.

（商売の交渉では、最後まで手の内を見せないほうがいいよ）

B : Thank you for your advice, Mx. Brown.

（ご忠告ありがとうございます、ブラウンさん）

★上の例の **Mx.**（発音は「ミクス」）は、性別に関係なく、**Mr.** や **Ms.** などの性別敬称の代わりに使います。

come to a head

ネイティブはこう使う

決定的な局面に達する

　come to a head の直訳は「頭にくる」ですが、日本語の「カッとなる」と訳すのだと思った人はいませんか?

　この **head** は「頭」ではなく、吹き出物の「化膿（か のう）した部分、傷口の黄色く膿（う）んだ部分」という意味なのです。

　come to a head のもとの意味は「腫れ物の膿が固まる、化膿して傷口が開きそうになる」でした。これが比喩的に「決定的な局面に達する、（事態・問題が）最後の段階に達する、重大な局面になる」ことを意味するようになったのです。

会話で使ってみよう

A : The problems in that country are coming to a head.

（あの国の問題は重大な局面に達しつつあるね）

B : I don't think so. It seems they are getting worse.

（そうは思わないわ。事態はより悪くなっているようよ）

★英語では、**I think (that) ～ not...** ではなく、**I don't think (that) ～** と言います。**think** の場合、「主節を否定に、従節を肯定に」するというルールがあるからです。

「かかとがちゃんと付いている」とは？

be well heeled

金持ちである

日本では、商売をしている人は、客の靴を見てその客の懐具合を判断すると言われます。くたびれた靴や汚れた靴ではなく、立派な（高価な）靴を履いている人は「おカネに不自由していない」ことを表すからです。

英語の **be well heeled** も、「（かかとがちゃんと付いている、かかとがすり減っていないことから）金持ちである、おカネに不自由していない」という意味になります。

日本人の発想と、英語圏の人々の発想が全く同じだなんて面白いですね。

会話で使ってみよう

A : What kind of guests are there at the new hotel?

（あの新しいホテルの客層は？）

B : Almost all of them there seem to <u>be well heeled</u>.

（ほとんどのお客さんはお金持のようです）

★ **guest** は「招待客、宿泊客」を指します。客は客でも **customer** は「物やサービスを買う客、顧客」、**visitor** は「観光・商用などで訪れる訪問客」のことです。

「両脚の間に尻尾をはさんで」の意味は？

with one's tail between one's legs

ネイティブはこう使う

尻尾を巻いて

犬は何かに追われたり、形勢が悪いと判断したりすると尻尾を巻いて逃げ出しますね。**with one's tail between one's legs** は、まさにその様子を表しています。

日本語の「尻尾を巻いて、しょげて、縮み上がって」という表現に相当します。

両言語とも「尻尾」を使うのは偶然の一致でしょうか？ 一般に、**run off [away]**（逃げる）などの動詞とともに使われます。

会話で使ってみよう

A：How come the pushy door-to-door salesperson ran off <u>with his tails between his legs</u>?

（しつこいセールスパーソンが、どうして尻尾を巻いて逃げ帰ったの？）

B：Fortunately enough, my son who is built like a tank came home.

（幸い、体格がガッチリしている息子が帰ってきたの）

★ **enough** は副詞や形容詞の後に置かれた場合、「（通例、数量が）十分な」を意味します。

give someone some lip

ネイティブはこう使う

生意気な口をきく

give someone some lip と言っても、「キスをする」ことではありません。誤解なきよう。かく言う筆者も、初めてこのフレーズを耳にしたときは、「何人かに投げキスをすること？」と誤解していましたが。

このフレーズの意味は「生意気な口をきく、軽率な発言をする」です。その語源ははっきりわかりませんが、lip には話し言葉で「おしゃべり、でしゃばり」という意味があることを知れば、何となく理解できますね。

ところで、「キスをする」は、lip を使って give one's lips（自分の唇を与える）と表現できます。この場合、lips と複数形で使用することに注意してください。

会話で使ってみよう

A：Can you believe Roy gave the manager some lip?

（ロイが部長に生意気な口をきいたのって、信じられる？）

B：Yes, he has a strong sense of justice.

（ええ、彼は正義感が強いからね）

★会社にもよりますが、manager は役職の課長や部長クラスに相当します。

「線につま先を着ける」とは？

toe the line

ルールを厳しく守る

100 メートル走などの競技では、走者はスタートラインにつま先を揃えて合図を待ちますね。つま先が少しでもラインからはみ出すと反則になることから、**toe the line** が「ルールを厳しく守る」という意味になったとされています。

ちなみに、「位置について、よーい、ドン！」は英語で、**On your mark, get set, go!** と言います。

また、かつてイギリス海軍の乗員は、甲板の木の継ぎ目に沿ってピシッと整列して点呼を受ける規則があったことから、この表現が生まれたという説もあります。

会話で使ってみよう

A：How do you like your new boss?
（新しい上司はどう？）

B：Well, she makes us all toe the line.
（うん、彼女、われわれみんなにやるべきことを厳しくやらせるよ）

★上の例の **make** は「使役動詞」で、「主語＋使役動詞＋目的語＋不定詞」は「～させる、～してもらう」です。

「歯と爪を使って闘う」とどうなる?

fight tooth and nail

ネイティブはこう使う

死に物狂いで戦う

　野生の動物が敵に襲われそうになったときは、自身を守るため牙や爪を使って必死に戦います。野生の動物のみならず、人間も大きな危険にさらされると、噛みついたり、爪で引っかいたりと、歯や爪を武器にして戦うはずです。

　こうした行動から、英語の表現 **fight tooth and nail** が使われるようになったのだそう。「死に物狂いで戦う、あらゆる手段を尽くして戦う、必死に抵抗する」という意味です。

　また、似た表現の **with tooth and nail** はそのまま、「歯で噛みついたり爪で引っかいたりして」を意味します。

会話で使ってみよう

A : I'll fight tooth and nail to oppose such a project.

（そんな計画には絶対に反対だね）

B : If you say so, I'll look over the details of this project one more time.

（キミがそう言うなら、この計画の詳細をもう一度見直すよ）

206

「腕の中の赤ん坊」とはどういう意味？

a babe in arms

ネイティブはこう使う

世間知らず

いい年をしても、世間知らずな人っていますよね。簡単に人にだまされる人、よくカモにされる人のことです。こういう人を、英語では **a babe in arms** と表現します。「まだ腕に抱かれている赤ん坊」、つまり「世間知らず、未熟な人」のことです。類似の表現には、**a babe in the woods** もあります。

ちなみに、「おばあちゃんは両手を広げて迎えてくれた」は **My grandmother welcomed me with open arms.** と表現し、**hands** ではなく、**arms** を使うことを覚えておきましょう。

会話で使ってみよう

A：I wish Scott will get a promotion to branch manager.

（スコットが支店長に昇進するといいんだけど）

B：No, not yet. He's still a babe in arms.

（いや、まだだね。彼はまだ経験が浅いから）

★ **I wish 〜** は「（現実に反して）思う・祈る、〜であることを望む」の意味。**wish** は実現が困難な願望を表すとき、**hope** は実現可能な願い事をするときに用います。

「猫の首に鈴を付ける」とは、つまり…？

bell the cat

ネイティブはこう使う

進んで難局に当たる

　私たちの周りにも、自ら進んで難しいことを処理しようとしてくれる人がいますね。そうした人のことを英語では **bell the cat**（猫の首に鈴を付ける）と言います。

　猫の難から逃れるために猫の首に鈴を付けるという名案を出したネズミたちが、実際に誰が実行に移すかで行き詰まってしまった『イソップ物語』の「ネズミと猫」に由来します。

　このフレーズは、前述のように「進んで難局に当たる、（人のために）進んで自らの命を危険にさらす」という意味で使われます。

会話で使ってみよう

A : We need someone to bell the cat now.
　（今こそ進んで難局に当たる人が必要だね）

B : OK. I'll ask Mr. Stern.
　（わかった。スターン氏に頼んでみるよ）

★ **ask** には、「尋ねる、質問する」「頼む、要求する」という意味のほか、「招待する、誘う」「必要とする」という意味もあります。

「カラスを食べる」ってどういうこと？

eat crow

自分の失敗を認める

eat crow という表現は、1812年の英米戦争のとき、敵（イギリス）の陣地に入ったカラスを撃ち落としたアメリカの兵士が罰として、敵の兵士にそのカラスを無理矢理食べさせられたという逸話に由来します。

そもそもカラスには、汚く臭い物、腐った物を漁るというイメージがありました。この表現は、そんなカラスを食べさせられることが屈辱的で、自分の言動が誤りだと認めることに等しいという発想から生まれたものです。「自分の失敗を認める、屈辱を味わう、屈辱を忍ぶ」という意味になります。

会話で使ってみよう

A : You should just <u>eat crow</u>. Your boss is fit to be tied.

（間違いを認めたほうがいいよ。キミのボスがカンカンに怒ってイライラしているから）

B : Well, I didn't do anything wrong.

（でも、僕は何も間違いを犯していませんよ）

★ **fit to be tied** は「とても怒ってイライラして」です。

「勝ち犬」ってどんな犬？

top dog

実力者、リーダー

　どんな社会にも組織にも、競争はつきものです。人間社会のみならず、動物の社会でも同じで、雌を巡っての雄同士の戦いは、熾烈を極めます。

　従順で、愛らしい **dog** ですが、同時に、誰にでも媚びを売るように見えたことから、「見下げたやつ、弱気なやつ」など負のイメージもあります。

　しかし、**top** には「強い、最高の」という意味があることから、これら二つの語を組み合わせた **top dog** は「実力者、リーダー」「最高権力を持つ人・集団、最も有力な国家」などを意味します。

　ちなみに、「負け犬」は **underdog** とか **loser**（**dog**）と言います。闘犬で下になって負けた犬が目に浮かびます。

A : Can you believe Mr. Truman became top dog in IT industry?

（トルーマンさんが IT 産業のトップになったって、信じられますか？）

B : Yes, he has worked hard.

（ええ、彼はすごく努力したからね）

「馬の前に馬車を置く」とは？

put the cart before the horse

本末転倒である

　日常生活や仕事で、物事の根本的なことと、そうでないこととを取り違えることがあります。このことを、日本語では「本末転倒」と言いますね。「本末」は根本的なことと枝葉のことで、「転倒」はひっくり返すことです。

　英語には、**put the cart before the horse** という表現があります。馬は荷馬車の前にいて荷馬車を引っぱるのが本筋ですが、馬の前にその荷馬車を置くとは、まさに順序が逆で、「本末転倒」と言わざるを得ません。

　この表現は、結果と原因を混同したときにも使われます。**Don't put the cart before the horse.**（本末を転倒するな）は諺にもなっています。

会話で使ってみよう

A : You're putting the cart before the horse.
（キミは本末を転倒しているんだよ）

B : Sorry, I don't understand what you are talking.
（申し訳ありません、おっしゃっていることが理解できないのですが）

high horse

ネイティブはこう使う

偉そうな態度

昔、公式行事の行進などで、身分の高い人やお偉方は、平均的な馬より背丈の高い馬に乗る習慣がありました。ここから、傲慢な人やお高くとまっている人は **high horse** に乗っていると連想され、それが慣用句になりました。

「偉そうな態度、傲慢な態度、でかい面」を意味します。**be on the high horse** は「傲慢である、威張っている」という意味です。

また、反対の **come down off the high horse** は、高い馬から降りて、下にいる人と同じ目線で接することから「おとなしくなる、威張らなくなる」を意味します。

come を **get** に代えても同じで、**the** の代わりに **one's** が入ることもあります。

会話で使ってみよう

A : I wish that new man in my section would come down off his high horse.

（うちの課の新顔、偉そうな態度をやめてほしいね）

B : Yes, but he is a nephew of the personnel manager.

（ええ、でも彼、人事部長の甥なのよ）

「それは違う色の馬だ」ってどういうこと？

(that's) a horse of another color

ネイティブはこう使う

全く別の話だ

(that's) a horse of another color は、競馬で勝つと思っていた馬とは異なる色の馬が勝ったことから生まれたフレーズです。「全く別の話だ、全く別の事柄・問題だ」という意味です。another の代わりに different を使っても同じです。

余談ですが、horse と color を使った言い回しには、シェークスピアの喜劇『十二夜』に、"**My purpose is indeed a horse of the same color.**" つまり「私のもくろみは実際そんなところだよ」という表現があります。

会話で使ってみよう

A：If they're talking about possibly selling the company, that's a horse of another color.

（ひょっとして彼らが会社を売るなんて話をしてるなら、それは全く別の話だよ）

B：But it seems they're serious.

（でも、彼らは真剣そうよ）

★ **company** は「組織としての会社」を指しますが、**office** は「建物・職場としての会社」のことです。

pull a rabbit out of the hat

ネイティブはこう使う

思いがけないことをする

皆さんも、手品師が空っぽの帽子から生きたウサギや鳥を取り出すのを見たことがあると思います。ネタがわかれば、「なーんだ」と納得なのですが、とんと見当がつかないことがほとんどです。

英語には、**pull a rabbit out of the hat** というフレーズがありますが、これはまさに手品師のこのトリックから生まれたものです。

「**pull** ＋目的語＋ **out of** ＋（代）名詞」で「（代）名詞から目的語を引っぱり出す」と訳します。たとえば、「瓶から栓を抜く」は、**pull a cork out of a bottle** と表現します。

標題のフレーズは「思いがけないことをする、奇跡的な解決法を打ち出す」という意味です。

会話で使ってみよう

A : I'm afraid our company is going bankrupt, but we can't pull any rabbits out of the hat.

（会社が倒産しそうだけど、何ら解決策を打ち出せないんだよ）

B : The recession has been getting worse.

（不況がだんだんひどくなってきてるからね）

open a can of worms

問題をさらに複雑にする

open a can of worms の直訳は「ウジ虫の缶詰を開ける」。気味の悪い表現ですが、日常会話ではよく使われます。何かの拍子で相手を怒らせたり、何かのきっかけで厄介なことになる、つまり「(開けたらダメなものを開けて)問題をさらに複雑にする」という意味です。

a can of worms は「複雑で解決困難な状況、とても厄介な問題」のたとえです。浦島太郎の「玉手箱」ではなく、「パンドラの箱」のイメージでしょうか。

A : What's happened to his company?
　(彼の会社はどうなったの?)
B : Many employees lost their jobs. On top of it, the following investigation <u>opened a can of worms</u>.
　(多くの従業員が失業して、さらにその後の調査が問題をさらに複雑にしたんだよ)

★ **on top of it** は「その上、さらに」という意味で、**it** の代わりに **that** も使われます。

bark up the wrong tree

ネイティブはこう使う

見当違いをする

bark up the wrong tree という表現は、かつて行われたアライグマ狩りに由来します。

アライグマ（raccoon）は夜行性なので、アライグマ狩りは夜間に行われました。猟犬が、獲物のアライグマを木の上に追い詰めたのですが、その獲物が隣の木に移ってしまったことを知らずに、獲物が隠れていない木（すなわち、別の木）を見上げて、暗がりの中で吠えたてることから生まれたものです。

英語の raccoon は「ひっかき傷を付けるもの」というアメリカ先住民の言葉が由来だそうです。bark up the wrong tree は「見当違いをする、お門違いのことを言う、非難する」という意味になります。

会話で使ってみよう

A：Well, do you think I'm barking up the wrong tree in this case?

（じゃあ、この件では私が見当違いのことをしていると思うのですか？）

B：No, I don't. I mean ... .

（いや、そうは思わないけど。つまり……）

「顔が青くなるまで」の意味は？

till one is blue in the face

口が酸っぱくなるまで(言う)

　till one is blue in the face の直訳は「顔が青くなるまで」です。空気を吸えないほどしゃべり続けたために、酸素不足で「顔が青くなる」という発想から生まれました。もちろん、誇張した言い方ですが。

　till の代わりに **until** が使われることもあります。

　また、このフレーズは「話す」ことに限られるため、通例、**talk**、**argue**、**complain** などの動詞とともに使われます。「口が酸っぱくなるまで (言う)、精根尽き果てるまで (言う)」「(激情で) 顔が青くなるまで (議論する)、へとへとになるまで (しゃべる)」という意味になります。

会話で使ってみよう

A: Could you consider it one more time?
　(もう一度ご検討いただけませんか？)

B: You can ask till you're blue in the face, but the answer is "no."
　(どんなに頼まれても、私の答えは「ノー」ですよ)

★ **consider**(検討する、よく考える)は主観的な意見であることを匂わせ、暗に「ほかの人は違うかも」というニュアンスがあります。

「それを1日と呼ぶ」って何のこと？

call it a day

その日の仕事を終わりにする

call it a day は、映画やドラマでよく耳にします。このフレーズは、仕事や作業の途中で、もう疲れたから、イマイチはかどらないから、「今日はこのへんで切り上げよう」という意味で使われます。

なぜ、そんな意味になるかというと、call it a day は、「（仕事・作業が終わらなくても）ここまでにしておこう」→「これで1日（を終わったこと）にしよう」ということから生まれたからです。

このフレーズは、仕事・作業ばかりでなく、会議、宴会や飲み会、コンパなどを終える・お開きにするときにも使われます。

会話で使ってみよう

A : Well, let's call it a day.

（やれやれ、今日はこのへんで切り上げるとしよう）

B : What time is it now?

（今、何時なの？）

★ **What time is it now?** は上の例のように、親しい人との間で使うもの。見知らぬ人には **Do you have the time?** などと言うほうがていねいで、適切です。

「頭を水面から出している」とは、つまり？

keep one's head above water

ネイティブはこう使う

借金せずに何とかやっていく

筆者は「カナヅチ」です。水泳部の部員に頼んで何度か試みましたが、とうとう泳げませんでした。

keep one's head above water という表現は、泳げない人がかろうじて水面から頭を出していることから生まれた表現です。「溺れないでいる」ことから転じて、「困難な状況・難しい状態で生き延びる」という意味で使われます。

比喩では「借金せずに何とかやっていく、財政的に難しい状況を持ちこたえる」を意味し、ビジネスシーンでよく使われるフレーズです。さらに、命令文になると「(難しい状況だけど)頑張れよ」を意味します。

会話で使ってみよう

A：How is your life, son?

（お前、生活はどうなの？）

A：I manage to keep my head above water, Mom.

（何とか借金せずにやってるよ、お母さん）

★ **son**（息子）は「お前、ねえ」などと、少年や青年に対する呼びかけとしてもよく使われます。

「袋を手に入れる」ってどんな袋？

get the sack

解雇される

get the sack の sack は「布の袋」のことです。産業革命の初期、職人は雇われるとき、自分の道具や身の回りの品を布袋に入れて雇い主に預ける決まりで、仕事を辞めるまで預けておかなければなりませんでした。

雇われている職人が何らかの理由で解雇されると、雇い主が道具の入ったこの袋を返してくれます。get the sack は、この習慣から生まれたもので、転じて、「解雇される、クビになる」の意味になりました。

反対の「人をクビにする、解雇する」は give someone the sack と表現します。

会話で使ってみよう

A：They say more than thirty workers will get the sack by the end of this year.

（年末までには、30人以上がリストラされるそうだよ）

B：The commercial depressions is universal.

（商売はどこも、とても景気が悪いですからね）

★「不景気」を表す単語には recession（24、214ページ）と depression があり、recession は「一時的な景気の後退、不況」を、depression は「深刻な不況、恐慌」です。

「眠っている犬を横たわらせておく」って？

let sleeping dogs lie

そっとしておく

　眠っている犬を起こすと、機嫌が悪く、吠えたり嚙みついたりするかもしれません。特別のことがない限り、寝かせておくに限りますね。

　というわけで、**let sleeping dogs lie** は「そっとしておく、余計なことはするな」という意味になります。

　日本の諺の「さわらぬ神にたたりなし」に相当します。

A:Guess what? I've made a mistake on business again. Do you think I should tell my boss about it?

（あのね、仕事でまたミスをしちゃったの。ボスに言うべきだと思う？）

B:I will manage it somehow later, so <u>let sleeping dogs lie.</u>

（後で私がなんとかするから、そのままそっとしておいて）

★上の例で出てきた **manage** に **to do** を付けて **manage to do** にすると「なんとかして・どうにかして〜する」という意味になります。

split hairs

細かいことを言う

世の中には、ささいなことを挙げつらって、いつまでもくどくど言う人がいますよね。聞いている人のことなど、お構いなしです。

英語には **split hairs** (直訳で「毛髪を割る」) という表現があります。

細い毛を縦に割るなんて、まずムリですが、この表現は「(髪の毛を縦に割るように) 細かいことを言う、細事にこだわる、必要以上に細かいことまで話し合う」のほか、「詮索する」という意味でも使われます。

A : You're five minutes late again.

(また5分遅刻だよ)

B : Don't splitting hairs.

(細かいことを言うなよ)

直訳してはいけない
英語表現200

2022年9月20日　初版印刷
2022年9月30日　初版発行

著者 ◉ 牧野高吉

企画・編集 ◉ 株式会社夢の設計社
東京都新宿区山吹町261　〒162-0801
電話（03）3267-7851（編集）

発行者 ◉ 小野寺優

発行所 ◉ 株式会社河出書房新社
東京都渋谷区千駄ヶ谷2-32-2　〒151-0051
電話（03）3404-1201（営業）
https://www.kawade.co.jp/

DTP ◉ アルファヴィル

印刷・製本 ◉ 中央精版印刷株式会社

Printed in Japan ISBN978-4-309-50441-4